一神教の誕生

ユダヤ教からキリスト教へ

加藤隆

講談社現代新書

はじめに

一神教をどのように理解すればよいのかについて、多くの日本人はかなり苦しんでいるようである。簡単にいうならば「なぜ一つの神だけを、神とすることが、できるのか」という疑問がなかなか解決できないのである。

ユダヤ教、キリスト教、イスラム教が、現在の世界において一神教とされている代表的な流れである。ユダヤ教が母胎となってキリスト教が生じ、またイスラム教もユダヤ教とキリスト教の影響のもとに成立した。したがってこれらの三つの流れは、全体として大きな一つの流れとなっていて、そして現在の世界において大きな勢力となっている。

一つの具体的な場面を観察することから、はじめることにしよう。

二〇〇一年九月一一日に、アメリカ合衆国でいくつもの旅客機がハイジャックされ、そのうちの二機がニューヨークに二つ並んでいた巨大な世界貿易センタービルに突っ込み、この二つのビルが崩壊して多くの犠牲者が生じるという事件がおきた。同じ日にその他の損害もあった。大規模な「同時多発テロ」が生じたのである。

当時この事件は世界の注目を集め、「歴史的な大事件」として大々的に報道された。この事件が実際のところどれほどの意味ないし意義をもつのかについては、評価が定まるまでにはまだ時間が必要かと思われるが、いずれにしても尋常でない大事件であることは確かだろう。

ここで注目したいのは、この事件の三日後(九月一四日)に行われた宗教的色彩のたいへんに強い一つの集会の様子である。

この日は同時多発テロの犠牲者のための「国家の祈りと追悼の日」(National Day of Prayer and Remembrance) に定められ、アメリカ合衆国の各地で追悼式などが行われた。

首都ワシントンにある「ナショナル大聖堂」(Washington National Cathedral) でも追悼式が行われ、この追悼式にはブッシュ大統領夫妻、クリントン前大統領夫妻、ブッシュ元大統領夫妻、カーター元大統領、フォード元大統領などが出席し、その他にブッシュ政権の閣僚や多くの政界人が出席した。

この追悼式では特に、キリスト教のさまざまな流れから幾人かの人たち、そしてイスラム教とユダヤ教からそれぞれ一人の人が、代わる代わるメッセージを述べ、そしてブッシュ大統領自身が演説を行った。日本でもこの追悼式の様子は、その全体がテレビで生中継されていたし、その後この式の様子を撮影したビデオなども発売されているようである。

一神教の三つの大きな流れを代表する人たちが一つの式に参加している。ユダヤ教、キリスト教、イスラム教にとっての神は同一なのだからということで、このことはごく当たり前のことであるかのように思われるかもしれない。しかし考えてみるならば、この事態は難しい問題をはらんでいる。たとえば「この三つの流れにとっての神は同一であるのに、なぜ三つの流れに分かれているのだろうか」という問題がある。

神は同じ一つの神であるはずなのに、少なくとも三つのかなり異なった立場が人間の側の姿として提示されている。神が同じ一つの神でも、人間の側が皆同じ立場に立つということにはなっていない。

極端なことを言えば、はたしてこの三つの流れにとっての神は同じ神なのかという疑問さえ、理屈としては浮かんでくる程である。しかしここではこうした極端な場合について拘泥《こうでい》することは控えることにしよう。

それにしても、神が一つであるという事態と、人間の側の立場が多様であるという事態の間のコントラストは否定すべくもない。このことをどのように考えればよいのだろうか。三つの流れのうち、どれかが正しくて他の流れは誤りなのだろうか。三つの流れのどれもが正しいのだろうか。それとも三つの流れのどれもが誤りなのだろうか。それともどれが正しくてどれが誤りだなどと考えるあり方自体が不適切なのだろうか。
いずれにしても一神教のあり方について、神が一つだということを確認するだけでは済まない複雑な問題があることは確かだろう。

ところで、キリスト教の流れの中から参加してメッセージを述べた人の一人が、その言葉の中で次のようなことを述べていた。私なりの翻訳を記しておくが、念のために英語の原文も添えておく。翻訳で不十分なところは英語原文で補っていただきたい。
またメッセージを述べた幾人もの人たちのうちで、私がこの人だけを特に支持したり批判したりしているというような誤解を避けるために、ここではこの人の名は伏せておくのが適切かと思われる。ここで引用するのは、あくまでたまたま目にとまったからに過ぎないことを確認しておく。この演説については、インターネットで簡単に検索可能である。

... But now we have a choice: whether to implode and disintegrate emotionally and spiritually as a people and a nation —— or, whether we choose to become stronger through all of this struggle —— to rebuild on a solid foundation. And I believe that we are in the process of starting to rebuild on that foundation. That foundation is our trust in God.

（……しかし今、私たちの前に一つの選択がある。一つの民としてそして一つの国民として、感情的にそして霊的に崩壊し分解するのか。それとも、この戦い全体を通して私たちがより強くなり、一つの堅固な基礎の上に立ち直るのか。そして私たちはこの基礎の上に立ち直ることを開始するプロセスにあると、私は確信する。この基礎とは、神における私たちの信頼である）。

表現のすべての細部についていちいち吟味している余裕はここではない。ここでもっとも大切とされているのが「堅固な基礎」と呼ばれているものであり、そしてこの「堅固な基礎」が、神との関連における「私たち」の態度（「神における私たちの信頼」）とされていることがこの部分の中心的な主張であることは間違いないと思われる。

ここで疑問がわいてこないだろうか。一神教にとってもっとも大切なのは、単純に考えると「神」そのものではないかと思われるだろう。ところがこの演説者は、せっかく「堅固な基礎」というテーマを提出しておきながら、その「堅固な基礎」は「神である」と単純に述べていないのである。

演説者が述べている「神における私たちの信頼」ないし「神への私たちの信頼」（our trust

in God)とは何かを厳密に定義しようとすると、これはなかなか困難なことになる。しかし少なくとも言えることは、ここで「堅固な基礎」とされているのが、つまるところ「私たちの信頼」だとされていることである。

「信頼」(trust)は、こうした文脈で述べられている場合には、単に人間的能力によって実現できる状態だと言えないかもしれない。しかし「信頼」という状態に人間的能力が参与するところが大きいことは確かだろう。つまり「信頼」という状態は、かなり人間的な状態なのである。

神との対比においては、人間的なものはやはり不安定であると言わざるを得ないと思われる。とするならば、たいへんに人間的なものであるところの「信頼」などというものを「堅固な基礎」としてしまってよいのだろうかという疑問が生じてくることになる。別の言い方をするならば、信頼といった程度のものに信頼を寄せてそれで大丈夫なのだろうか、ということになる。

引用したテキストにおいては、神が問題とされている。そして「堅固な基礎」というテーマが提出されている。ところが演説者は、神を「堅固な基礎」とせずに、神との関連におけるかなり人間的な態度であるところの「信頼」なるものを「基礎」にしてしまっているのである。なぜこんなことを、わざわざ行うのだろうか。

同じような傾向は、この演説者の演説の別の表現にも認められる。この演説の冒頭近くで「私たちは神が必要だ」といったことが述べられている。たとえば、

… We've needed God from the very beginning of this nation, but today we need Him especially.

（……私たちは、この国家の当初から神を必要としてきた。しかし今日、私たちは彼を特に必要としている）

ここでは神と人との関わりについて述べられている。ところで「私たちは神を必要としている」ということは、神と人との関係は、人（「私たち」）の都合によって左右されるということを意味しないだろうか。

特に「今日、私たちは彼［＝神］を特に必要としている」と述べられているところは注目に値する。このことは「通常は、私たちは、神を〈特別には〉必要としていない」ということを含意しないだろうか。

いずれにしても神と人との関係について「私たちの必要」を基礎にしているために、神と人との関係の有無、あるいは〈特別に〉神と人との関係が問題にされるかどうかは、人

の側の都合に依存しているのである。
神は一つであるとされている。一つである神は、厳然としたものであるかのように思われがちである。しかしここでは、その一つの神がたいへん人間的に捉えられているということができるだろう。つまり神は、人間の都合によって捉えられているというべき面が強いのである。

ブッシュ大統領の演説は、この演説者の演説よりも、さらにこの傾向が強まっているように思われる。具体的な分析はしないが、演説の大部分において人間の問題がさまざまに扱われ、さきほど言及した「信頼」に並置できるようなさまざまな人間的能力が問題とされている。

こうした分析をすぐに一般化して考えてしまうことはできないかもしれない。しかし一つの神の前での人間の立場が多様であるという問題について考える糸口が与えられていると見てもよいのではないだろうか。
神は一つである。その神を人間はかなり人間的に捉えている。つまり人間の側のさまざまな都合で、この一つの神をさまざまなあり方で捉えることができるとされているようである。

人間にはさまざまな人間がおり、さまざまな人間のそれぞれの都合は多様である。とするならば、神が一つだとしても、その一つの神についての人間の側の立場が多様であることは、いわば当然ではないだろうか。

そしてこの人間の側の立場が多様である様子は、皆が同じ神を神としているのだろうかと疑えるほどだと言ってもよいかもしれない程である。一神教的あり方と多神教的あり方は、まったく異質であるかのようだが、意外なところでかなり似通った様相を呈することがある。


以上の短い考察は、一つの神の前で人々の立場が多様であることについての小さな分析の試みでしかない。しかも、最初に提起した問題――「なぜ一つの神だけを、神とすることが、できるのか」――に答えるものにはなっていない。しかし一つの神の前で、人間が多様な立場を取りえるということを確認することは、一神教的あり方の理解を進める上で無意味なことではないだろう。

多様な立場を守って、互いに譲らないようなところもありながら、一神教の伝統では「神は一つ」とされているのである。本書では、この問題について考察を進めていくことにする。本書の限られた範囲では、ユダヤ教とキリスト教の問題に注目することにする。

キリスト教とはどのようなものかという問題は、現代の私たちにとってたいへん重要な問題である。しかしキリスト教はたいへん複雑な現実である。断片的な知識はあっても、どうも全体的なイメージが摑《つか》めていないといった場合が多いのではないだろうか。

本書では、キリスト教がユダヤ教の分派として生じて、結局のところユダヤ教とは別の「キリスト教」として独立したものとなったことに注目して、古代ユダヤ教の展開と、そしてキリスト教の成立の経緯を辿りながら、キリスト教とはどのようなものかという問題を考えてみることにする。

キリスト教と言うと、キリスト教の教義のどれかを取り出して、それを理解することでキリスト教が理解できると考えてしまいがちである。私の経験では、「三位一体」とか「イエスはキリストであり、神の子だ」といった教義が人々の念頭に浮かぶことが多いようである。

しかしこうした教義は、キリスト教が展開する中の特殊な状況に対応するために生じたものである。さまざまな経緯の後にこれらの教義は、キリスト教にとって重要なものになった。しかしこれらの教義についての理解を深める努力をしただけでは、キリスト教の全体像が把握できるとは思えない。これらの教義があってそれに基づいてキリスト教が成立しているのではなく、既に存在していたキリスト教の流れにおいて、ある個別的な状況の下でこうした立場を主張することに大きな意義があるからそうした立場がキリスト教の教義とされるようになったと考えるべきなのである。それぞれの教義が重要だとされている意味を理解することは、個々の特殊な状況下にあったキリスト教の対応のあり方の重要な側面を理解することには繋がるが、そうした理解をすぐに一般化してキリスト教の全体のあり方としてしまうことには問題がある。

また「聖書の教えを理解すればキリスト教を理解することができる」といった考え方についても、同様の問題がある。聖書はキリスト教にとっての重要な書物であり、またキリスト教を知る上での重要な資料である。聖書を無視することはできない。しかし聖書において主張されていることを断片的にただ鵜呑みにすれば、それでキリスト教が理解できるということにはならない。

本当は、聖書における主張をキリスト教のものとすることを選択しているキリスト教の立場、つまり聖書の背後にあって聖書全体を特殊なあり方で容認しているキリスト教の立場を把握すべきなのである。そしてキリスト教が聖書にだけに集約されるのではないのならば、聖書を容認する立場もキリスト教の特殊な立場の一つでしかないとすべきである。

聖書に記されている個々の内容も、また聖書を特別な書物だとするあり方も、キリスト教の流れの中の特殊な立場である。

したがって個別的な立場をキリスト教の全体のものとしてしまう誤りを避けるためには、キリスト教の成立と展開について歴史的な流れに注目することがたいへん有効なアプローチとなる。キリスト教の中の個々の立場は、歴史の中でのキリスト教の成立と展開の中で生じて、そして意味あるものとされてきたからである。

古代ユダヤ教や成立時のキリスト教について知る上での細かい問題は、無数に存在する。それらの問題のすべてを一つ一つ取り上げて綿密な検討を加えていくことは、新書版という限られた枚数では不可能である。ここではむしろ全体的な大きな枠組みや、この上なく重要だと思われるいくつかのテーマについての一応の理解が得られることを目指した説明を試みることにする。

目次

第1章——キリスト教の問題

ユダヤ教の分派として生まれたキリスト教

キリスト教が生じたのは紀元後一世紀のことである。何もないところに突然、キリスト教なるものが生じたのではない。ユダヤ教が存在して、そのユダヤ教からキリスト教が生じた。

キリスト教は後一世紀前半に、イエスの活動が発端となって成立した。イエスは現在「パレスチナ」と呼ばれている地域で活動した。イエスはユダヤ人であり、ユダヤ教徒である。イエスの活動は、ユダヤ教内部の一つの改革運動だった。

しかしイエスは周知のように、十字架刑によって処刑されてしまう。この十字架事件が生じたのは、議論の余地はあるけれども、一応のところ後三〇年のこととしてよいだろう。イエスは十字架刑で処刑されてしまうが、弟子たちが活動を継続する。この時期の活動も、まだ基本的にユダヤ教の枠内のものである。

しかし後一世紀の後半になって、ユダヤ教にとって大きな事件が生じる。六六―七〇年の「ユダヤ戦争」である。これはローマ帝国に対するユダヤ人のほぼ全面的な反乱だった。しかし七〇年にエルサレムが陥落し、エルサレムにあった神殿（第二神殿）も破壊されて、ユダヤ人側が敗北する。

ユダヤ戦争以前のユダヤ教は、かなりの包容力があった。ユダヤ教の内部にさまざまな立場があって、またイエスとその弟子たちによる改革運動のようないわば体制側への反抗運動にも、さまざまなものがあった。いろいろな流れがそれぞれに自分たちの立場を主張していたが、どれもユダヤ教の枠内の立場であることに変わりはなかった。

ところがユダヤ戦争後のユダヤ教は、それ以前に存在していたさまざまな流れの一つである「ファリサイ派」の流れに収斂《しゅうれん》してしまう。「ファリサイ派」は「律法主義」の流れである。したがってユダヤ戦争後のユダヤ教は、ファリサイ派的・律法主義的でない他の流れの立場とは、両立しないものとなってしまう。

イエスが開始し、そしてその弟子たちが引き継いで展開していた運動には、純粋な律法主義とは相容《あいい》れないところがあった。このためにこの流れは、全面的に律法主義的になったユダヤ教から追い出されてしまう。

ユダヤ教の内部の一つの分派だったものが、ユダヤ教とは別の流れになってしまったのである。したがってこのようになった流れの運動を「ユダヤ教」とは呼ぶことができなくなったことになる。こうしてユダヤ教とは別のものであるところのキリスト教が、独立したものとして成立することになる。

以上のことを整理しておこう。

一、イエスの活動は後三〇年の十字架事件以前のものである。
二、十字架事件以降も、弟子たちが活動を続ける。
三、六六―七〇年にユダヤ戦争が生じる。
四、七〇年以降にユダヤ教は、ファリサイ派的・律法主義的なものとなる。
五、イエスが始めた運動の流れは、これと分かれて独立した流れとなり、これが「キリスト教」と呼ばれることになる。

キリスト教はまずはユダヤ教の分派として生じて、結局のところユダヤ教から分かれて成立したというのは、以上のようなことである。

一つ確認しておく。以上の説明に従うならば、後一世紀末におけるユダヤ教からの分離独立以前の時期について、イエスの活動以来のこの流れを「キリスト教」と呼んでしまうのは、厳密に言うならば不適切である。しかし煩瑣《はんさ》になるのを避けるために、文脈の中で誤解のおそれがないならば、「キリスト教」という語をこの時期のものについても用いることにする。つまるところ、これが「キリスト教」という語の一般的な用法である。どうしても区別が必要な場合にどのような呼び名を用いるべきか、苦慮するところもあるが、「(ユダヤ教の)ナザレ派」と言ってよいかと思われる。

ユダヤ教の人間観

では、このようにして生じたキリスト教とは、どのようなものだろうか。独立したキリスト教だけに注目してしまうと、どの面を特徴として指摘すべきかの選択が難しい。しかしキリスト教がユダヤ教の分派として始まったことを考えるならば、そのユダヤ教との対比においてキリスト教を捉えることに意義があるということになる。

キリスト教がユダヤ教の一つの改革運動として始まったということは、ユダヤ教のあり方に何らかの問題があるという認識があったということである。その問題とは基本的にどんなものなのか、そしてその問題に対してどのような解決策が提案されていたのかを理解すれば、キリスト教の流れが分かってくるだろう。

このことを考えるためには、母胎となったユダヤ教がそもそもどのようなものなのかについての理解が必要になる。ユダヤ教も複雑であるが、ごく当然の特徴を指摘することが、結局のところ有効だと思われる。

ここではユダヤ教の人間観に注目することにする。ユダヤ教において人間がどのように捉えられているかという問題である。もちろんこの問題については、深遠で細々とした議論を展開することが可能だろう。しかしユダヤ教の人間観には、基本的な枠組みがある。

次ページのI-a図を見ていただきたい。大きな四角が人類全体を表しているとする。ユ

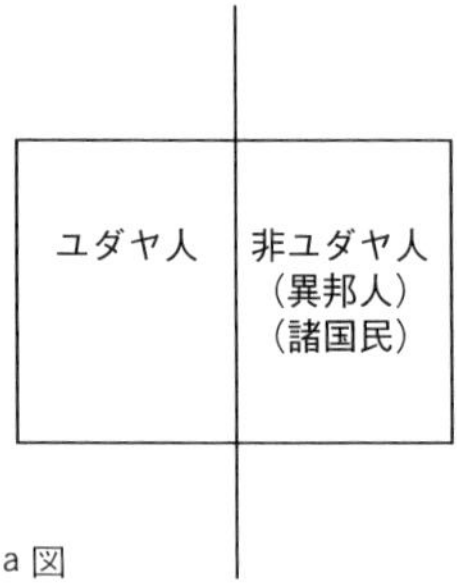

Ⅰa図
ユダヤ教における２種類の人間

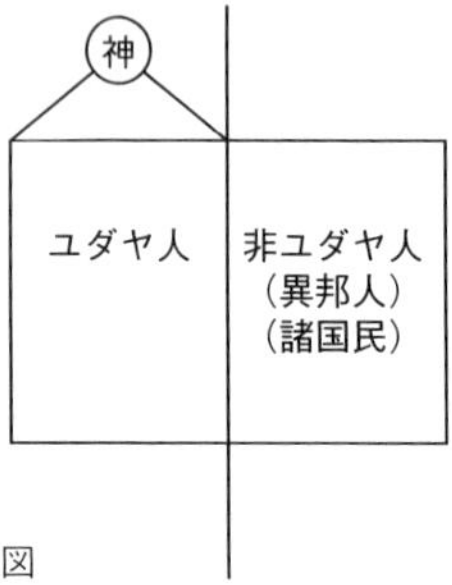

Ⅰb図
ユダヤ教の神はユダヤ人の神

ダヤ教では、この世には二種類の人間がいると根本的に考えられている。すなわち「ユダヤ人」と「非ユダヤ人」である。「非ユダヤ人」については「異邦人」とか「諸国民」といった語が用いられることもある。

　そしてこの「ユダヤ人」「非ユダヤ人」の二つのカテゴリーのうち、「ユダヤ人」の方が基本的に優れているとされている。これはつまるところユダヤ民族の民族中心主義の立場である。ユダヤ教とは、ユダヤ人ないしユダヤ民族の宗教である。ユダヤ人ならばユダヤ教徒である。そしてユダヤ人の方が、非ユダヤ人よりも優れている。

　こうした民族中心主義の立場は、どのような民族にも多かれ少なかれ存在している立場である。また民族といった集団に限らず、さまざまなレベルの大小の集団において、自分の集団が他に比べて何らかの意味で高い価値をもっているとしたり、優れているとしたりするのは、いわば自然なことである。

しかしユダヤ教は宗教である。そこでは神——「ヤーヴェ」という神——が問題になる。そしてユダヤ民族の民族中心的な立場は、神との関連においても貫かれている。

すなわち神はユダヤ人の神であって、この神は非ユダヤ人の神ではない。そしてユダヤ人ならば救われるが、非ユダヤ人は救われない。ユダヤ教の民であるユダヤ民族の他民族に対する優位は、神学的にも基礎づけられているということができる（I-b図）。

これは個々のユダヤ人が、こうしたことを常に意識して日々の生活を送っているということを必ずしも意味するものではない。こうしたことをたいへん気にかけているユダヤ人もいるかもしれないが、無関心であったり、また積極的に無視したり反対の立場であったりするユダヤ人もいるだろう。しかしここで述べていることは、こうした個々のユダヤ人の態度に左右されない立場の現実である。これは根本的な意味での「制度的」な現実だと言うべきである。このような意味での制度的な現実は、集団の成員の個々の立場の違いをいわば「乗り越えて」、厳然と存在しているのである。

ユダヤ教とは基本的にはこのようなものだとして、ではそこに認められる問題とはどのようなものだろうか。

ユダヤ人にとっての宗教

イエスが活動したのは後一世紀のことである。この時期ユダヤ教は、既に長い歴史をもっていた。ユダヤ教の成立をいつのことと考えるかは微妙な問題だが、イスラエル民族（「ユダヤ人」と「イスラエル民族」は基本的にほとんど同じだが、「イスラエル民族」というとき、「神の民」というニュアンスが強い）がある程度本格的なものとして成立した際にユダヤ教の母胎となるべき宗教的立場が現れたとすれば、やはり「出エジプト」の事件によってユダヤ教が生じたとするのが順当だと思われる。出エジプトの事件は前十三世紀のこととされている。したがってイエスの時代には、ユダヤ教は千三百年の歴史をもっていた。

この長い時間を経る中で、ユダヤ教には次のような状況が生じてきた。イスラエル民族は人口の点から見ると中規模の民族である。そして基本的にはパレスチナと呼ばれる地域で生活していた。この地域は、日本のような孤立した島国ではなかった。西は地中海、東はアラビアの砂漠である。そして南の方に行くとエジプトがあり、北にはシリア、そして小アジア・メソポタミアへと繋がっている。したがってパレスチナは、諸民族の間に大きな動きがある時には、さまざまな民族がどうしても通過しなければならない通路のような地域だった。このためにユダヤ人にとって、他の諸民族との接触は避け難いことだった。

また時代が下がるとパレスチナ以外の地域で生活するユダヤ人も増えてくる。パレスチナでは住民の大多数がユダヤ人だったが、その他の地域ではユダヤ人は少数派であり、他民族と混じって暮らすことになる。

こうしたことが長く続く中で、他民族の存在は無視できない。

ところでユダヤ人はユダヤ教徒であり、そしてヤーヴェが彼らの神である。ユダヤ人の民族中心主義的立場においては、ユダヤ人は他の民族よりも優れているとされなければならない。こうした態度は神学的現実にも反映することになる。つまり他民族の宗教的現実に比べてユダヤ人の宗教的現実の方が優れているということにならねばならない。もっと具体的には、他民族が崇拝する神々よりも、ヤーヴェの方が偉大であると強調されるようになる。

さまざまな民族と接することは、さまざまな別の神々についての情報を得ることに繋がる。一般的には、それらの神々を自分たちの神々として受け入れるといったこともあり得るだろう。しかしユダヤ人は結局のところ、他の民族の伝統における神々を受け入れなかった。ヤーヴェという神のみを崇拝する一神教の立場を守ったのである(なぜこのような立場を強硬に選択することになったのかについては後述)。とすると、他の神々についての情報が流入する中で、ヤーヴェの偉大さがますます強調されねばならないことになる。

民族主義的か普遍主義的か

ところがヤーヴェが偉大だということになると、困った問題が生じてくる。いま述べたようにユダヤ教は、基本的にユダヤ人の民族宗教である。ヤーヴェは、ユダヤ人の神である。ところがヤーヴェが偉大ならば、そのヤーヴェはユダヤ人という限定された民族だけにかかわる神でしかないのかという問題が生じてくる。地上に存在するさまざまな他の民族、パレスチナ以外に存在する広大な世界、こうした広がりとヤーヴェの関係はどうなっているのだろうか。

そしてヤーヴェが偉大ならば、このヤーヴェは、他の民族や、この広大な世界の神でもあると認めざるを得なくなってくる。これは、ヤーヴェは全人類、そして全世界・全宇宙の神だと認めることである。ヤーヴェは単にユダヤ人の神であるだけだという民族中心主義的な立場に対して、これは普遍主義的な立場だということができる。

これは逆説的なことである。民族中心主義的な立場から、ヤーヴェはますます偉大なものであるべきだということになるのだが、このためにヤーヴェが普遍的な神だと認めざるを得ないことになるのである。これはヤーヴェがユダヤ人だけの神だという民族中心主義的な立場と見合わないあり方を認めざるを得ないという状態である。

神についての普遍主義的な考え方は、ユダヤ教の成立の当初から存在していたのではない。当初のユダヤ教は、単に民族中心主義的なものだった。他民族との長い接触を通じて、神についての普遍主義的な考え方が徐々に出現してきたのである。また民族宗教ならばどの場合にも、このような展開が生じるのではない。自民族の神について普遍主義的な考え方がしっかりしたものとして成立するのは、むしろ難しいことである。

ユダヤ教におけるこの普遍主義的な神についての立場が端的に表現されているのは、神が「創造の神」だという教義においてである。すべてを創造したのは神であるという主張は、神がすべての神だという主張になっている。聖書を開くと、その冒頭に創世記なる文《もん》書《じょ》があり、その冒頭に神によるいわゆる「天地創造」の物語が記されている。分厚い聖書の冒頭に記されている物語なので、こうした立場がユダヤ教・キリスト教の基礎としてまず存在していたと思ってしまいがちだが、こうした立場は古代ユダヤ教の展開の中で、かなりの時間がたってからようやく成立してきたものである。神が創造の神だということは、なかなか思いつかないことであり、またさまざまな経緯を経た上でないと定着しない考え方である。

また神についての普遍主義的な考え方が生じたからといって、ユダヤ教の全体がすぐに普遍主義的なものになってしまうのではない。創造神としての神の考え方に代表されるような普遍主義的立場が生じても、ユダヤ教の主流の立場はあくまで民族中心主義的なものである（Ｉｃ図）。

しかしユダヤ教の主流の立場が民族中心主義的だといっても、それと必ずしも相容れない普遍主義的な考え方がユダヤ教の内部に出現して存在することになったことも事実である。したがってユダヤ教には、神についての民族中心主義的な立場と、神についての普遍主義的な立場が存在して、両者の間に緊張が生じることになった。

「分け隔てしない神」であるキリスト教

イエスやその弟子たちが活動した後一世紀のユダヤ教は、こうした状況にあった。そしてキリスト教は、こうした説明の文脈においては、民族中心主義的であろうとするユダヤ教の大勢に対して、はっきりと普遍主義的な立場を主張しようとした運動だということができる。

キリスト教の流れにおいても、普遍主義的な立場が定着するにあたっては紆余曲折があった。しかし結局のところキリスト教は、神は普遍的な神であると主張することになった。

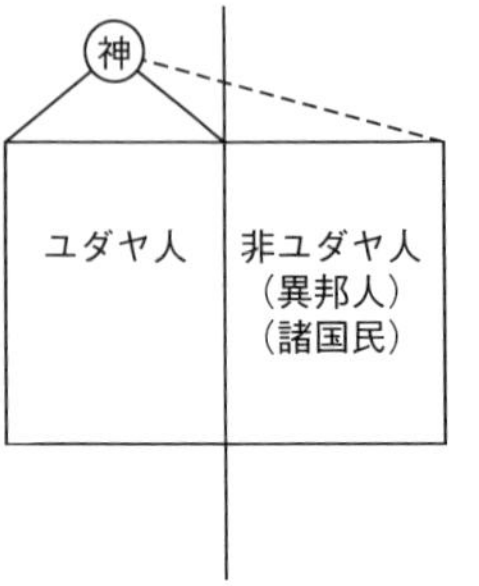

Ｉｃ図　ユダヤ教の神が普遍的な神という考え方が出てきた

神が普遍的な立場にあるということを単純に図に示すと

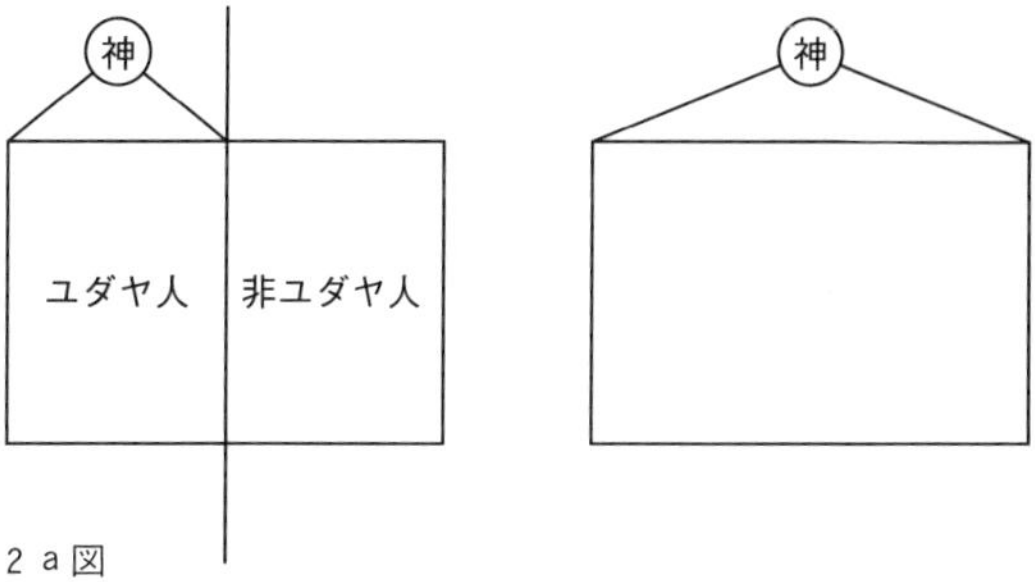

2a図
ユダヤ教の基本的立場　キリスト教の基本的な立場

すると、2a図の右にある「キリスト教の基本的な立場」のようになるだろう。

このように対比させるならば、キリスト教とは、民族中心主義的だったユダヤ教の普遍主義的な拡大である、ということができる。神はユダヤ人だけの神だという状態が、神は全人類の神だという状態に変化したのである。ユダヤ教においては、ユダヤ人だけが救われ、非ユダヤ人は救われないとされていた。これに対してキリスト教では、全人類が救われることになったのである。

神の普遍主義的なあり方については、聖書においてもさまざまな形で表現されている。このうちでもっとも典型的な表現だと思われるものを一つだけ引用しておく。それは使徒行伝一〇・三四に記されているペトロの言葉の中の表現である。使徒行伝は、イエスの十字架事件・復活の以後における弟子たちの活動を描いた物語で、ここではペトロがコルネリウスという異邦人の家に入って言葉を述べたという設定になっている。
ペトロは次のように述べている。

「神は分け隔てしないことが、分かった」

ここで問題とされている「分け隔て」とは、人間についての分け隔てであって、具体的に問題とされているのは「ユダヤ人」「非ユダヤ人」の差別のことである。ユダヤ教の主流の立場では、神は「ユダヤ人」「非ユダヤ人」の分け隔てをしていることになっている。しかしここでは、神はもはやこの差別を行っていないと述べられている。

ここで問題となっているのは、神の態度の変化である。神はかつては、ユダヤ民族を自分の民として選んだのかもしれない。しかし神はいまや「分け隔てしない」ことにしたのである。全人類が救われることになったのであり、神学的な問題、すなわち神と人との関係についての問題は、これで全面的に解決したようなものである。ユダヤ教の側で民族中心主義的な態度を維持して、この神の態度の変化を認めようとしないといった抵抗もあるかもしれない。しかしこうしたユダヤ教の伝統的な態度は、神の態度に見合っていないことになる。つまり神の態度に抵抗していることになっていて、こうした抵抗は維持できるものではないだろう。

「伝道」することで「分け隔て」が生じる

ところが「分け隔てしない神」を背景としたキリスト教的世界において、奇妙なことが生じてくる。神は人を分け隔てしないはずであるのに、この神との関係において人々の間に「分け隔て」が生じてしまうのである。

このような事態が生じてしまっている原因としては、さまざまなレベルのさまざまな問題を指摘できると思われるが、ここではその中から伝道の問題を取り上げることにする。

キリスト教においてはそのほとんど当初から、伝道という活動を行っている。この活動には、たいへん大きな問題がある。

キリスト教における伝道の基本的形態は、伝道者が人々に口頭で話をするというものである。つまり「情報の伝達」が問題となっている。その情報は、伝統的に「福音」(良い知らせ、良いニュース)と呼ばれている。この福音の内容については、さまざまな見解があり得るかもしれないが、これまでの説明の文脈を尊重するならば、それは神の態度が「分け隔てしない」ものに変化したと言うことができる。

そしてキリスト教におけるこの伝道という活動においては、伝えられた情報について受け手の側が肯定的な態度を取るかどうかに関しては、受け手の側の自由な判断に任せられている。

この伝道という活動を、実際に行うとどのような事態が生じるだろうか。情報伝達の対象は人類全体である。さまざまな人がいる。この情報についての態度の決定が受け手の自由な判断に任せられているならば、この情報について肯定的な態度を取る者とそうでない者が生じるのは避け難いことである。

その結果として、どのような事態が生じるだろうか。伝道の活動を進めると、人類が二つのカテゴリーに分けられることになる。すなわち「福音を受け入れる者」と「福音を受け入れない者」である。

この「福音を受け入れる者」と「福音を受け入れない者」を伝統的な用語を用いて呼ぶことにするならば、どのような語を選ぶべきか微妙な問題だが、しかし「福音を受け入れる者」を「キリスト教徒」、「福音を受け入れない者」を「非キリスト教徒」とするのは、ある程度のところ順当だと思われる。この様子を図に示してみたのが2b図である。

これは困った事態である。「分け隔てしない」神を巡って、人間の間に「分け隔て」が生じているのである。「分け隔てしない神」を受け入れるかどうかによって、人間の間に「分

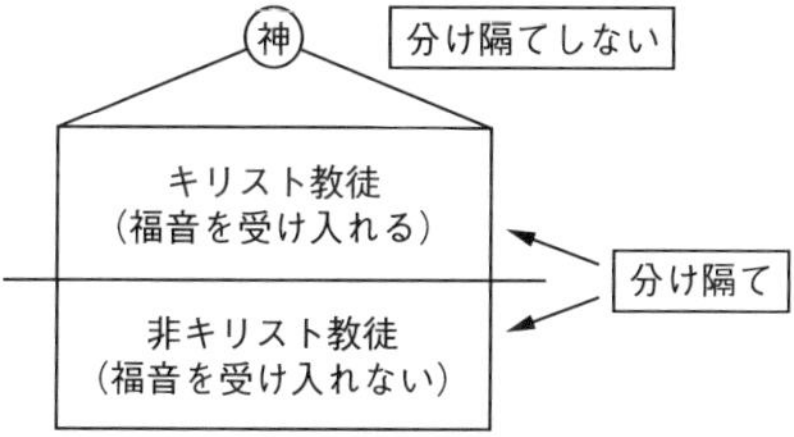

２ｂ図　「分け隔てしない」神を巡って人間に「分け隔て」が生じる

け隔て」が生じていると言うことができるだろう。「分け隔てしない」という神の態度に、人間の態度が見合っていないのである。神に対して人間の側が抵抗しているということができるだろう。キリスト教世界においては、この状態がいまも基本的には継続していると言わねばならない。

このような事態が生じたのは、なぜだろうか。「福音を受け入れない者」の態度に問題があるのだと決め付けることはできない。「分け隔てしない」ところの神が、自分を受け入れない者について「分け隔て」をすることはできないからである。

ユダヤ教には「伝道」はあり得ない

なぜこのような事態が生じたのだろうか。

それは「伝道」という活動をしたからである。前述したように、この「伝道」を行えば、二つのカテゴリーに人類が分類されてしまうことは避け難い。したがって「伝道」をするべきだとしている者たちに問題があるのであって、この者たちの態度が神の態度に見合っていないのである。

この「伝道」の活動については、いくつもの問題を指摘することができる。ここでは二つの点について検討する。

第一に、神が民族中心主義的であったことから考えてみることにする。民族中心主義的だったユダヤ教が、普遍主義的に拡大したのがキリスト教だと述べた。元の形態であるユダヤ教の枠内には「伝道」なるものは、原則的にはあり得ない。確認しておくと、非ユダヤ人に対する働きかけは、ユダヤ教の普遍主義的な傾向における活動である。

ユダヤ教は民族宗教である。ヤーヴェがユダヤ人の神であることは、当然の前提である。ユダヤ人の内部で、ヤーヴェが神であるという情報伝達を行って、ヤーヴェが自分の神であるかどうかについて各人に判断を迫るなどということはあり得ない。何も分からない赤ん坊でも、その赤ん坊がユダヤ人ならば、その赤ん坊の神はヤーヴェであって、基本的にはその赤ん坊は救われるのである。そのような枠組みが全人類に広がったからといって、「伝道」という奇妙な活動をする神学的根拠はどこにあるのだろうか。

ユダヤ教の枠内でも、神に関する情報伝達の努力は行われている。しかしそれは伝道ではなく、教育と呼ぶべきものである。ユダヤ人の中には、それに反発したり、無関心であったりする者もいるだろう。それでもその者がユダヤ人でなくなるのではないし、その者の神がヤーヴェでなくなるのではない。

ユダヤ教が民族宗教であるということは、個々人の判断にかかわりなく、すべてのユダヤ人にとってヤーヴェが神であって、すべてのユダヤ人が神の救いないし恵みの枠内にいるということである。個々のユダヤ人の態度に関係なく、神はすべてのユダヤ人を愛しているのである。教育の場面で、反発したり無関心であったりするユダヤ人も、神は愛している。ヤーヴェがあなたの神だと教えられて、それに賛同する者だけを神が愛しているとするならば、ユダヤ教はエリート主義のセクトになってしまい、民族宗教ではなくなってしまう。

そして神の態度が「分け隔てしない」というものになったならば、それで全人類が救いないし恵みの領域に入ったのである。ならば「伝道」の活動は、おかしな活動だということになる。キリスト教の枠内でも教育はあり得るだろう。しかし伝道はあり得ないはずである。

「伝道」という言葉のもともとの意味

第二に、「福音」と呼ばれる情報の伝達について用いられる用語の検討から、考えてみることにする。福音の伝達についてもっとも普通に用いられている語は、「宣べ《の》伝える」という語である。「宣べ伝える」とは、情報を伝えて、その内容を受け入れるかどうかを受け手に判断させることではない。古代における一般的な用法では、この語は王の命令の伝達などについて用いられる語である。英語ではproclaim, declare, フランス語ではproclamerなどと訳される語で、「宣告する」「告知する」などと訳すべき語である。

たとえば古代の王が国民全体に命令を発したとしよう。古代のことなので、この命令をどのようにして人々に周知させるかが問題となる。たいていの場合、王の命令を伝える使者があちこちを巡ることになる。たとえば田舎の村に、このような使者が訪れる。そして王の命令を村人に伝える。王の権威を背景にしたこのような伝達が、「宣べ伝える」という行為である。この場合に、王の命令の内容に受け手が同意するかどうかといったことは、問題にならない。王国の国民なら、王の命令に従うのが当然である。なされるべきことは王の命令という情報の伝達だけでしかない。そしてこの場合には、受け手がこの情報の内容に服従するのは当然の前提になっている。

そして私たちが問題にしている「神は分け隔てしない」という情報は、神の態度についての情報である。神の態度について人間の側に賛同するかどうかの自由があるとされていることと自体に問題があるのではないだろうか。

以上のように検討しただけでも、「分け隔てしない神」を巡って人間に「分け隔て」が生じてしまうことについては、「伝道」という活動に問題があるからなのは明らかだろう。この「伝道」という活動のあり方が、「分け隔てしない」という神の態度にそもそものところ見合っていないのである。

教会の問題

こうした問題があるにもかかわらず、伝道という活動に意義があるとしてこれを二千年間にわたって実施しているのは誰だろうか。それはつまるところ「教会」である。

教会はさまざまな重要な役割を果たしてきた。したがって教会には何の意義もないなどと、ここで主張するつもりはない。しかし教会には根本的なところに大きな問題があることも確かである。イエスが宣べ伝えたのは「神の国」「神の支配」の実現についてだった。この「神の国」「神の支配」は、これまでの説明の流れに沿った言い方をするならば、「分け隔てしない神の支配」だと言えるだろう。

「イエスが宣べ伝えたのは神の支配の到来だったが、実際に到来したのは教会の支配だった」

という皮肉のこもった言葉がある。教会はやはり、神の支配を十全に実現するものではない。「分け隔てしない神」の権威を背景にして世界を支配しながら、人間の間に「分け隔て」を生じさせるような立場を選択している組織なのである。

なぜこのようなことになってしまったのだろう。それはつまるところ、歴史の中でのキリスト教の具体的な展開において、実際的には避け得ないさまざまな問題があって、そうした問題のそれぞれに対応せざるを得なかったからだと言うことができる。いわば、余儀のない選択の結果である。しかし歴史の中でのかつての特殊な事情の故にいたし方なく選択した立場を、その事情が大きく変化しても闇雲に維持して人々に押しつけ続けることは問題である。「伝統」という名のもとに、このような立場が権威主義的に維持されていることが多いようである。

しかし時代が進むにつれて、かつての問題で消えてしまったもの、また大きく変化したものもある。神の支配の実現のための活動のあり方には、根本的な見直しを行うべきところがある。

第2章——一神教の誕生

い。

ユダヤ教の定義

キリスト教の母胎となったユダヤ教のあり方について、もう少し具体的に検討してみたい。

ユダヤ教は民族中心主義的であるという指摘だけでは捉えきれない問題に、重要なテーマがいくつも含まれている。

ここではヤーヴェ崇拝の成立、それに続く時期に生じた御利益《ごりやく》宗教的態度の問題、契約の概念・罪の概念の導入、一神教的な態度の基本的枠組みの成立といったテーマについて検討する。

こうしたテーマが展開する時代のユダヤ教の大きな流れを示した3図を見ていただきたい。

ユダヤ教の成立は、前十三世紀のこととするのがまずは順当だろう。しかし歴史的展開の検討を始める前に、「ユダヤ教」という用語について確認する必要がある。

「ユダヤ教」という呼び名には、厳密な意味での使い方と、広い意味での使い方がある。ユダヤ教がごく単純な民族宗教であって、他の民族宗教と基本的構造において特に目立った特徴がなかった段階のものについては「古代イスラエルの宗教」という名を用いる方が

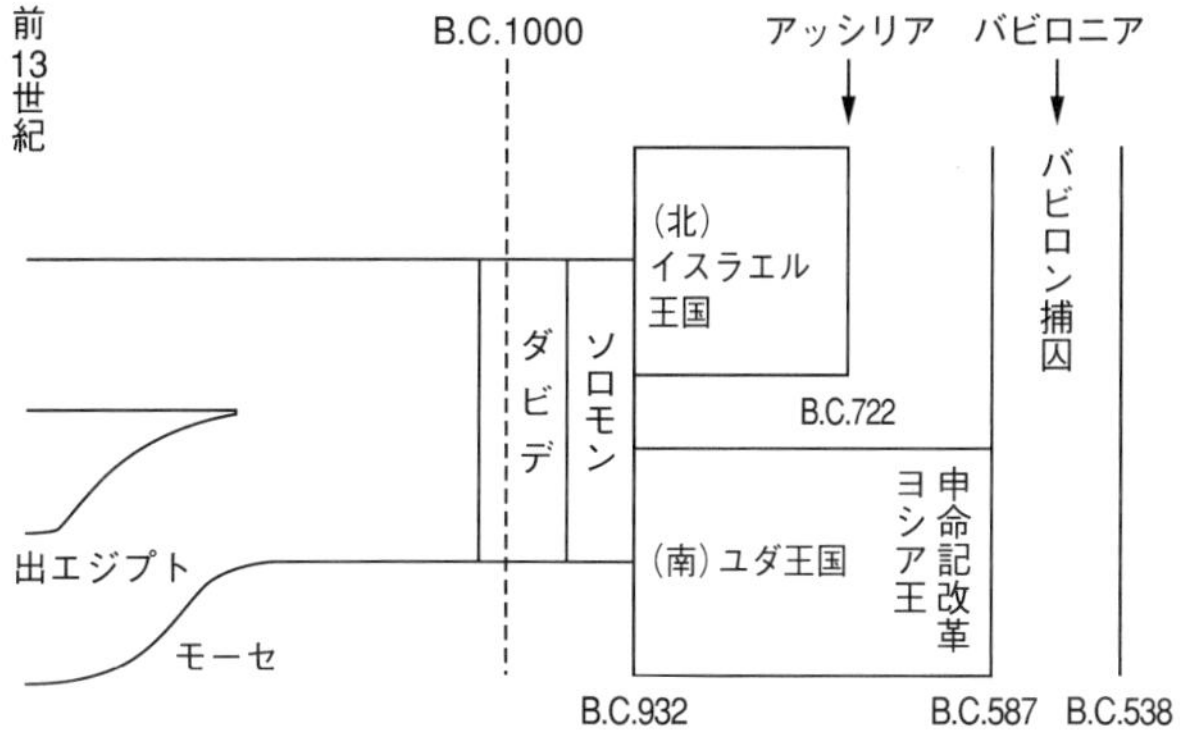

3図　ユダヤ教の大きな流れ

適切である。そして他の民族宗教にはあまり見られない固有の特徴を備えるようになった段階以降のものについて、厳密な意味での「ユダヤ教」という名を用いるべきである。時代的には、前六世紀のいわゆる「バビロン捕囚」の時代の前後で、「古代イスラエルの宗教」の時期と「ユダヤ教」の時期に分けられると考えるべきだろう。前六世紀頃になって「古代イスラエルの宗教」に大きな変化が生じた。これ以降のものが「ユダヤ教」だということになる。

しかし議論の際に不必要に煩瑣になることを避けるために、誤解のおそれがないならば、バビロン捕囚以前の古い時期の流れについても「ユダヤ教」という名が使われてしまうことが多い。本書でもこうした一般的な用法に従うことにする。

ヤーヴェを崇拝するイスラエルの民の成立

この広い意味でのユダヤ教が成立したのは、前十三世紀である。この時に「出エジプト」という事件が生じた。当時のエジプト(第十九王朝)のもとで奴隷状態にあって苦しんでいた者たちが、モーセという指導者のもと、大挙してエジプトから脱走したという事件である。奴隷の脱走は失敗する危険が大きい企てだが、この時は成功する。彼らは、これは神のお蔭だと考えた。そしておそらくモーセの強い指導があって、彼らはヤーヴェという神が彼らをエジプトから救い出したと考えた。そこでヤーヴェを崇拝することにおいて一致団結する。

もう一つの重要な事件は、「カナンへの定着」である。これは簡単に言えば、エジプトから脱走した集団が、現在パレスチナと呼ばれている土地である「カナンの地」に侵入して、すでにカナンにいた定着民の一部とともに生活を始めたという事件である。エジプトから脱走した集団は、脱走に成功してすぐにどこかで定着生活を始めたのではなかった。「荒野をさまよっていた」のである。つまり砂漠の流浪民としての生活をしていた。この期間は、半世紀ほどの間だったと思われる。したがって厳密には、エジプトから脱走した者たちの次の世代の者たちがカナンに侵入したことになる。

この時にカナンで一つの集団として生活を始めたのは、エジプトから脱出して流浪生活

石田友雄・著『ユダヤ教史』(山川出版社)

をしていたグループだけではなかった。エジプトからのグループがカナンに侵入した際に、カナンにはすでに定着民がいた。彼らのうちで、侵入したグループに抵抗して、退けられた者たちもいた。しかし侵入したグループの味方になった者たち、また抵抗しても結局は降伏した者たちもいた。こうした者たちが、侵入者たちと共に生活をすることになった。

したがって「カナンへの定着」において、この土地で生活をするようになったのは、エジプトからのグループと、以前からのカナンの定着民の一部である。そして彼らは、ヤーヴェがこのカナンの土地を彼らに与えたと考えた。

この「出エジプト」と「カナンへの定着」という二つの大きな事件を通じて、ヤーヴェという神を崇拝するイスラエル民族が成立したと言うことができる。ヤーヴェの導きによって、エジプトからの解放が実現し、またヤーヴェがカナンの地を民に与えたのである。これが「ユダヤ教」の成立であり、もっと厳密に言えば「古代イスラエルの宗教」の成立である。

ダビデ・ソロモン王の繁栄の時代

カナンへの定着のあとでイスラエル民族は、政治的・社会的には部族連合というべき体制を採用した。イスラエル民族としての団結は、ヤーヴェ崇拝という宗教的な側面と、それから臨時に必要となる軍事的側面に限られていた。ある程度以上の勢力の敵が攻めてきて各部族が個別に対処しきれない場合に、臨時の指導者を選んで諸部族が団結して戦うことがあった。

しかし時代が下がってくると、より強固な団結が必要となってくる。これは周辺の諸民族が団結を強めて、その勢力が強くなってきたからである。民族の団結を強めるこうした動きは、当時の常識では、王を頂点とする中央集権的な組織を確立することを意味していた。紆余曲折があったが、前十一世紀頃にこの動きが本格化した。まずサウルという人物が王というべき地位についたが、彼は十分に王国を確立したとは言えない。その次に登場したダビデが、王国を名実共に実現した。前十一世紀末のことである。ダビデの後を継いだのが、ソロモンである。

ダビデ・ソロモンの時代の重要な出来事は、

一、まずは、イスラエル民族の統一王国を実現したこと
二、それからダビデが、エルサレムを首都と定めたこと
三、ソロモンが、エルサレムに神殿を建築したこと

二人の王は、王国の中央集権的制度の整備を進めた。軍事的には領土の拡大、経済的には繁栄と呼ぶべき状態が実現した。特にソロモンの時代の繁栄は「ソロモンの栄華」と呼ばれて、有名である。豪華な神殿と、それよりももっと豪華な宮殿が、この繁栄の象徴的存在だった。

イスラエル民族の南北分裂

しかしイスラエル民族の統一王国は、ソロモン王の没後に南北の二つの王国に分裂してしまう。前十世紀後半（前九三二年）のことである。

南の王国が、ユダ王国。首都はエルサレムであり、ダビデ王朝が続いた。北の王国が、イスラエル王国。最初のうちは首都が転々としたが、結局のところサマリアという町におちつく。王は、ダビデ家のものではなかった。

統一王国の王家であるダビデ家は、南の部族の出身だった。したがって統一王国では、南の部族が主流だったが、これに北の諸部族が対立して、そして王国が分裂したのである。

分裂の直接の原因は、中央集権的な制度を固め、国を繁栄させる政策が、国民にとって大きな負担となったことである。

ダビデ・ソロモンの王国は、ユダヤ人たちにとって初めての王国である。王を頂点とする中央集権的な制度に人々が慣れていなかったという問題がある。エルサレムにいる王の命令で税や課役が強制されることが、大きな負担と感じられた。しかもソロモンは、この政策を急激に推し進めすぎた傾向がある。そのお蔭で「ソロモンの栄華」と呼ばれるほどの繁栄が実現されたが、この繁栄を支えたのは国民の負担だった。ダビデ・ソロモンは南の部族の出身だったために、北の部族ではダビデ・ソロモンの王朝への反感はさらに大き

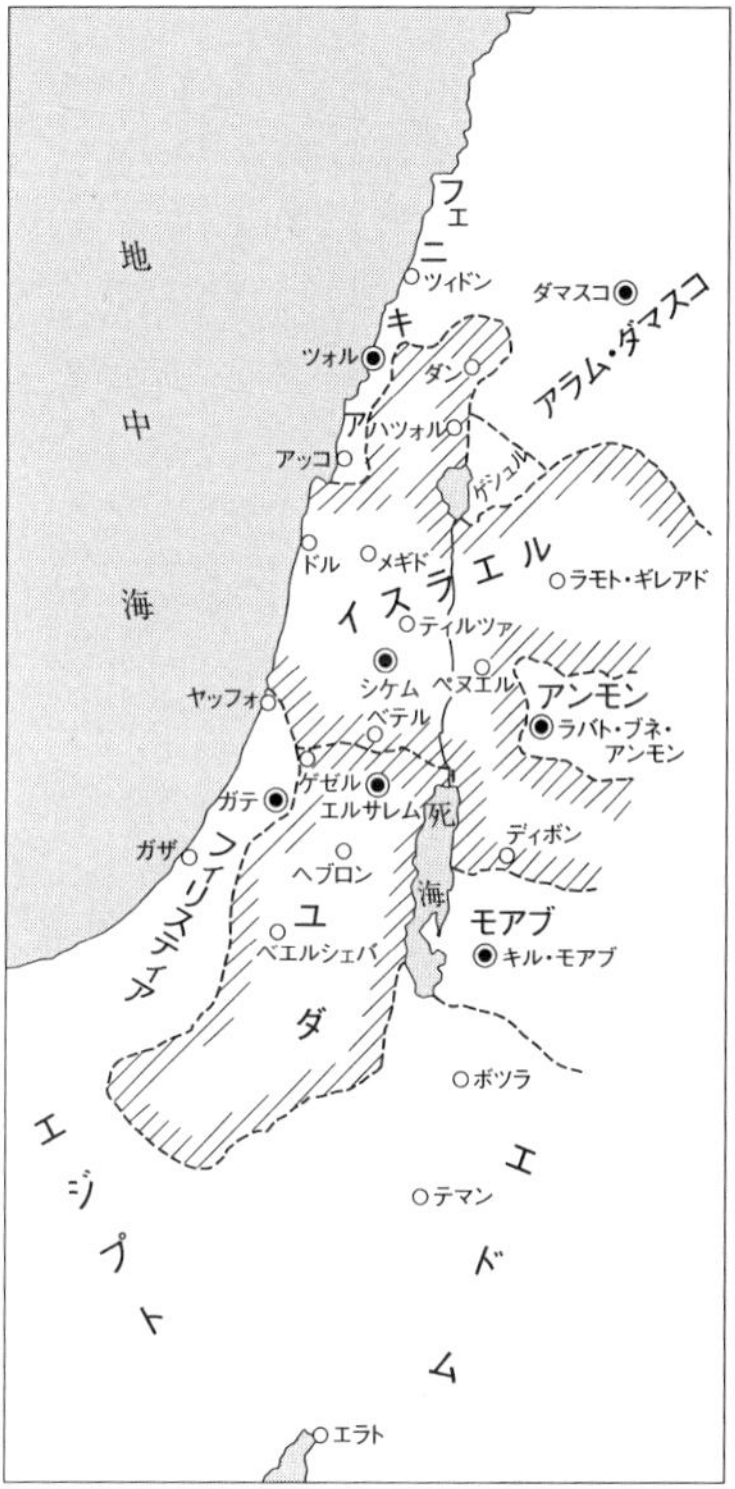

分裂直後の南北王国
石田友雄・著『ユダヤ教史』山川出版社

かった。ソロモンは「知恵ある者」と呼ばれる人物で、ソロモンの在位中は王国の統一を維持できたが、ソロモンが没するとこの南北の対立が表面化して、王国が南北に分裂してしまう。

したがって王国の分裂は、社会的・政治的レベルの対立によるものだということになる。宗教的には、どちらの王国においても基本的にはヤーヴェが崇拝されていた。対立があったために南北の王国に分裂したので、両者の関係が常に良好だったわけではないが、宗教的には二つの王国はいわば兄弟国だった。

そしてヤーヴェを崇拝する二つの王国が並存するという状況が生じたことが、ユダヤ教の展開にとってたいへん大きな意味をもつことになる。

南北の王国の並存状態は二百年たらずで終わってしまう。前八世紀になると国際情勢に大きな変化が生じてくる。メソポタミアの上流地域でアッシリアの勢力が拡大してきたのである。この結果、前八世紀の後半に北王国が滅ぼされる（前七二二年）。

この時に南王国は、滅亡を免れる。アッシリアの属国のような地位に甘んじたとはいえ、南王国は独立を維持した。

救済神としてのヤーヴェ

「出エジプト」「カナンへの定着」から南北王国への分裂・両国の並存までの時期（前十三世紀—前八世紀）の、ユダヤ教の基本的な状況について整理しておこう。

イスラエル民族はヤーヴェという神を崇拝していたが、このような事態になったのは、「出エジプト」「カナンへの定着」という事件が大きなきっかけになったからである。このヤーヴェ崇拝成立の基本的な構造に注目するならば、イスラエル民族によるヤーヴェ崇拝は、ヤーヴェがイスラエル民族にとって好都合な事態を実現したから成立することになったということができる。

「人にとって好都合な事態を神が実現する」という出来事は、伝統的な言い方を用いるならば「神が人に恵みを与える」という出来事だということができる。したがってイスラエル民族がヤーヴェを崇拝することになったのは、ヤーヴェが恵みをイスラエル民族に与えたからだということになる。神の恵みは、「出エジプト」「カナンへの定着」といった歴史上の大きな出来事においてのみ問題となるのではなく、日々の生活においても重要である。牧畜や農耕における収穫の実現、子孫の繁栄、共同体ないし国家の安全や繁栄なども、神による民への恵みだと考えられていた。

つまりこの段階では、イスラエル民族はヤーヴェを「恵みを与える神」として捉えているということになる。「恵みを与える神」を、「救う神」と言い直してもよいだろう。つま

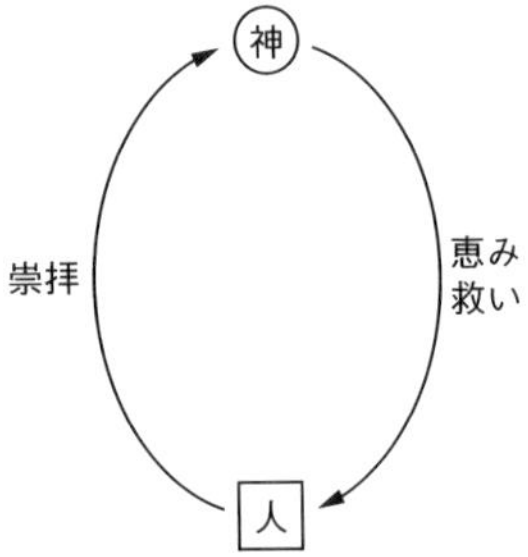

4 a図　神と人の相互関係

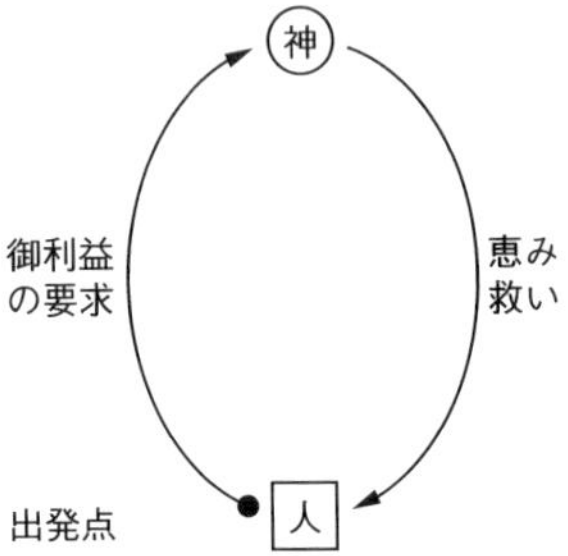

4 b図　御利益宗教的関係

りイスラエル民族はヤーヴェを「救済神」として捉えているのである。「救済神」としての神の捉え方は、神が自分たち(この場合は、イスラエル民族)にとってどのような神なのかという視点からの捉え方である。一言断っておくと、「救済神」としての神の捉え方の他に、もう一つ別の重要な神の捉え方がある。それは「創造神」としての神の捉え方である。神を「創造神」として捉えることには、神についての普遍主義的な考え方がなければならない。イスラエル民族は、この段階ではまだ神を「創造神」として捉えるには到っていない。

古代ユダヤ教は御利益宗教だった

ユダヤ教の場合に限らず、このような神と人との基本的な関係を一般的に考えるとすると、4a図のように示すことができるだろう。神と人との関係は相互的な関係になっている。神は人に「恵み」ないし「救い」を与える。これに対して、人は神を「崇拝」する。

本格的な民族宗教としてのヤーヴェ崇拝は、「出エジプト」「カナンへの定着」の出来事によって成立した。したがってヤーヴェ崇拝の成立にとって決め手となっているのは、神の恵みの有無だということになる。個々の儀式や神学的な言明での表面的な姿がどうであれ、こうした構造は基本的には御利益宗教的なものだということになる。

御利益宗教の構造を4a図を使いながら示すとすれば、4b図のようになるだろう。神と人との相互関係の出発点は、人のところにある。神の恵みの有無が重要な要素なのだが、この恵みの実現を率先しているのは、本当のところは神ではない。恵みは人にとって有意義でなければならず、この判断基準は人のところにあるからである。人の側に何らかの要求がある。収穫の確保とか、国の安全とか、戦争での勝利などである。現代の日本人に親しみのあるものとして、たとえば大学入試での合格、交通安全といった事態も例となるだろう。

こうした事態を実現するようにと、人が神に要求する。この行為には、人からの要求を神が実現する可能性があるという考え方が前提になっている。人は、さまざまな儀式を行ったり、その他の態度を神の前で示したりする。すると神が、人の思い通りの事態を実現する。

こうした関係においては、根本的には、神に対して人が優位に立っている。表面的には人が神を尊重しているような態度を示すこともあるかもしれない。しかし根本的なところでの神に対する人の優位に変わりはない。また人にない能力が神にあるとされることも、神に対する人の優位を変えるものではない。神には人にはない能力があるかもしれない。人だけでは確実に実現できない事態を、確実に実現する力が神にあるとされているかもしれない。だからといって人に対して神が優位にあるのではない。主人が奴隷に命令するように、人は神に命令しているのである。主人にはない能力を奴隷がもっている場合もあるだろう。しかし命令するのは主人である。か弱い主人のために、力のある奴隷が荷物を運んだりするのと同様である。

したがってヤーヴェ崇拝の成立とそれに続く時期におけるユダヤ教は、御利益宗教的なものである。神の人への恵みの記憶と期待が、人の側がヤーヴェとの関係を維持する根本的な動機になっている。神は基本的には人の要求に応えるべき存在である。もっと端的な言い方をするならば、人が神に命令しているのであり、神に対して人が優位に立っているのである。

ヤーヴェ以外の神々も崇拝

こうした状況は、この時期のユダヤ教における宗教上の大きな問題のあり方からも窺《うかが》うことができる。それはヤーヴェ以外の神々を、ユダヤ人たちが崇拝するという問題である。これは北王国において特に大きな問題となったが、南北王国期の南王国もこの問題から免れているのではなかった。

こうした問題が特に顕著なものとなったのは、時期的には、ソロモンの時代からだということができる。ヤーヴェ崇拝は基本的には御利益宗教的なものであり、後述するように他の神々の崇拝が生じる可能性は理屈としては常に存在していたが、ダビデの時まではヤーヴェ以外の神を崇拝する余裕が実際的になかったと考えるべきだろう。イスラエル民族が成立する「出エジプト」「カナンへの定着」の時期は厳しい経験の連続であり、民としての団結と、その反映であるヤーヴェ崇拝は自ずと堅固なものであった。また部族連合時代からダビデによる王国成立までの時期は、外からの敵がだんだんと大きな脅威となる中で、ますます民族的統一を固める時期だった。

しかしソロモンの時代になると、こうした努力がいわば実を結んで、安定と繁栄が訪れる。またそれまで敵でしかなかった外国の諸勢力との共存の道も模索されるようになる。こうした中で、安定した生活（収穫やその他の富、生活の喜びなど）の追求のために、ヤーヴェ以外の神の崇拝が平気で行われるようになった。

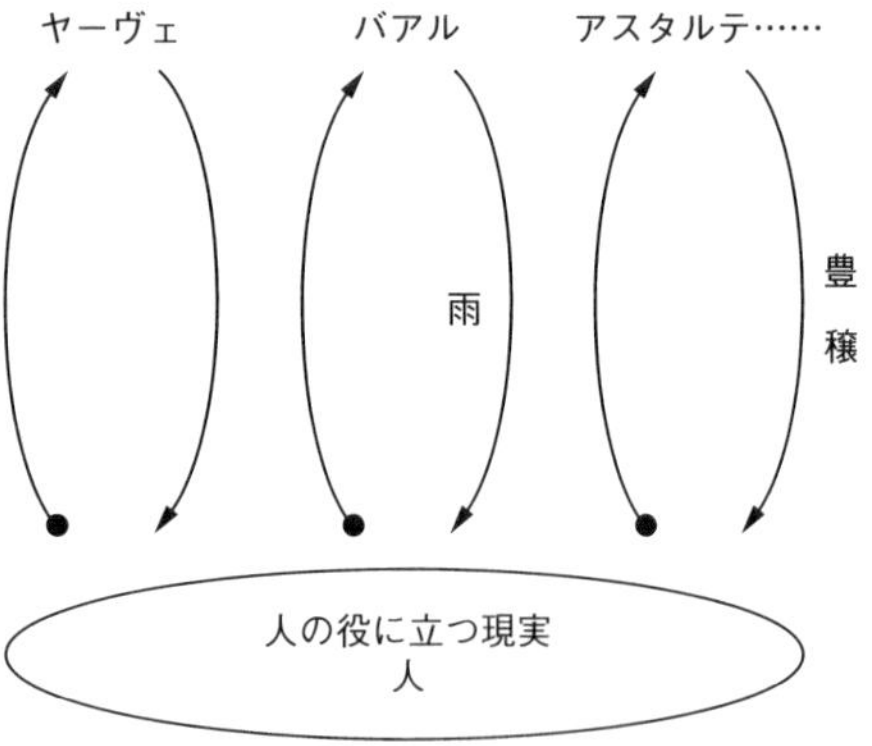

5図　ソロモン時代〜南北王国期のユダヤ人と神の関係

この時に崇拝の対象となったヤーヴェ以外の神々として有名なのは、バアルとアスタルテである。特にバアル崇拝は、他の神々の崇拝を問題とする際に代表的なものとして言及されるところがある。

こうしたバアル崇拝に対して、ヤーヴェだけを崇拝するようにという警告を発する者も現れる。北王国で活動したエリヤやアモスは、その中でも目立った存在である。またヤーヴェ主義というべき流れも生じてくる。しかしこうした努力も、ヤーヴェ以外の神々を崇拝する態度を根絶するには到らなかった。それは人々の態度の基本的な構造において、ヤーヴェ以外の神々を崇拝する可能性が消滅していないからである。そしてこのもっとも根本的なところにある構造が、御利益宗教的な態度の構造である。

バアルやアスタルテを崇拝するからといって、イスラエルの民がヤーヴェを見捨ててしまうのではない。ヤーヴェはやはりイスラエル民族にとって公式に崇拝すべき神である。

しかしヤーヴェ崇拝と並んで、バアルやアスタルテの崇拝が行われているのである。なぜこのようなことが生じるのか。

それは神を選ぶ基準が、人の側にあるとされているからである。そして、それはつまるところ、人の側の要求事項を神が実現できるかどうかという基準である。こうした基準をさまざまな神にあてはめる。ヤーヴェも悪くはない。しかしバアルは雨と雲の神である。つまり収穫にとって重要な要素をもたらすとされている神である。アスタルテという女神も豊穣の神であって、収穫や子孫の繁栄にとって重要である。

神との関係についての人々の基準は、神が自分たちの役に立つかということなので、ヤーヴェの他にバアルやアスタルテなどの神々を崇拝しても何の問題もないということになる(5図)。受験を控えていれば入試合格の神に、自動車を運転するなら交通安全の神に、崇拝の態度を示すのと同様である。こうした構造がある中で、ヤーヴェだけを崇拝するようにといくら強く迫っても、根本的にはあまり効果がないことになる。

北王国の滅亡と南王国の存続

ところがこの問題が一挙に解決する事件が生じる。それが前八世紀後半におけるアッシリアによる北王国の滅亡である。すでに述べたように、この時に南王国はなんとか独立を保つことができた。この南王国も前六世紀前半にバビロニアによって滅ぼされてしまう。しかしそれまでの一世紀半ほどの間、南王国は独立王国として存続した。このことが重要である。

古代の戦争も、国と国、民族と民族、軍隊と軍隊の戦いである。しかし古代の戦争には、神と神の戦いとしての意味もあった。戦争に負けて、国や民族が滅びると、そこで崇拝されていた神も死ぬ。つまりその神を崇拝する者がいなくなってしまうのである。

国や民族が滅びるということは、その国や民族の成員がいなくなるということなので、その国や民族の神を崇拝する者が文字通りいなくなってしまうという面もある。また生き残った者がいても、奴隷にされたり、ちりぢりになってしまったりして、個々人のレベルでかつての神を崇拝しようとしても、それが社会的に意味ある活動にならないという面もある。

しかし戦争の敗北・民族の滅亡によって神が死ぬということについては、神学的な問題もある。戦争の敗北・民族の滅亡という事態が生じるということは、神学的には、神が民を守らなかった、民を勝利に導かなかったということを意味する。神は民に、恵みないし救いをもたらさなかったのである。さらに言い換えるならば、神は動かなかった、神は沈黙していたということになる。

このことは戦争での勝利という「人の側の要求」について、神は当てにならない、頼りにならないということを意味する。つまりこの神は、いわば駄目な神である。そのことが戦争の敗北・民族の滅亡という動かしようもない厳然たる事実によって、証明されてしまったのである。こうして人々は、神から離れていき、その神を崇拝する者がいなくなり、神は死ぬということになる。こうして消えてしまった神々は、無数にあると思われる。そして考古学の調査で見つかる碑文などによって、遠い昔に死んだ神の名が再び明らかになったりする。

戦争の敗北・民族の滅亡を巡っての神についてのこのような考え方は、人の側にとって戦争の勝利が必要だという基準に基づいており、これは御利益宗教的な態度による対応だということになる。そして、南北王国の時代のイスラエル民族の神への態度は、基本的に御利益宗教的なものだった。

前八世紀後半におけるアッシリアによる北王国の滅亡は、以上のような意味で、ヤーヴェが人々に見放されても当然の結果に結びつく事件だった。

神との契約の概念の導入

ところがこの時に、以上のような理屈通りには事態は展開しなかった。それは北王国が滅んでも、南王国が残っていたからである。

南王国においても、公式に崇拝すべき神はヤーヴェだった。しかもダビデ王朝の王は、ヤーヴェとの関連で「神の子」とされていた。領土は「神から与えられた土地」であり、エルサレムにある神殿は「神の住む家」とされていた。北王国滅亡という事実があっても、簡単にヤーヴェを見捨てることはできなかった。当時のユダヤ人の中には、ヤーヴェ崇拝を見限る方向に動こうとする者も少なくなかったかもしれない。しかしヤーヴェ崇拝を維持することは、やはり南王国における主流の立場だった。

しかし北王国が滅亡したことは事実であり、ヤーヴェが沈黙していたことは事実である。前述した理屈に従うならば、ヤーヴェは駄目な神だということになってしまう。もしヤーヴェが駄目な神ならば、そのような神を崇拝し続けることはできないことになる。しかしヤーヴェを見捨てることもできない。こうした緊張の中で神学的思索が展開して、新しい状況が生じることになった。


具体的には、ここで「契約の概念」が導入されて、「罪」の考え方が生じたのである。

念のために述べておくが、契約や罪については聖書の中でさまざまな立場が記されているが、それらを単純にここで参考にすることはできない。聖書はこの頃にはまだ存在していないのである。あとで見るようにユダヤ教の聖書は、前五―四世紀頃から後一世紀末にかけて成立した。またキリスト教の新約聖書におさめられることになる文書が書きはじめられるのは、後一世紀以降のことである。ここで考察の対象としているのは前八世紀の状況である。聖書の中に見られる契約や罪についての考え方の多くは、後世になって展開したものである。これらを安易に前八―前七世紀のものとすることはできない。

前八世紀における北王国の滅亡を契機として契約の概念が重要となったのだが、この時点で初めて契約の概念が出現したと主張するつもりはない。神と人との関係について契約の概念をモデルにして考えるあり方は、ある程度は以前から存在したと言えるかもしれない。しかし前八世紀における北王国の滅亡を契機として、契約の概念が急に重要なものとなったのである。

契約について、まず一般的に、そしてごく単純な例について考える。たとえばリンゴを百円で売買するといったこと、これは契約である。契約には当事者がいる。この場合は、リンゴを売る者と買う者である。そしてその両者に権利と義務がある。買う者にとって、百円を出すことが義務であり、リンゴを一つもらうことが権利である。売る者にとって、リンゴを渡すことが義務であり、百円をもらうことが権利である。両者のこの権利と義務が実行されて、契約が問題なく実行されたことになる。

こうした関係が、神と民との間にあてはめられることになる。神と民が契約の当事者である。両者に権利と義務がある。神は民に恵みないし救いを与え、民は神を崇拝する。これはすでに見た4a図(五十四ページ)に示した関係である。この図にしたがって考えるならば、北王国が滅亡したという事態は、神が民に恵みを与えなかったということを意味する。神は動かなかった。神は沈黙していたのである。

この事実をどう考えるべきか。単純に、この神は駄目な神だと考えてしまってよいだろうか。契約の概念をあてはめると、結論を出す前にまだ検討しなければならない点が出てくる。

それは神に対する民の義務がきちんと果たされていたかという問題である。具体的には、北王国の民がヤーヴェをきちんと崇拝していたのか、神の前で彼らの態度が適切だったかという問題である。

ところがアッシリアに滅ぼされる前の北王国の民の態度は、神の前で適切なものだったとはとても言えないようなものだった。ヤーヴェ以外の神を崇拝していたのである。また、他にもさまざまな問題があった。北王国の民は、神の民として、神の前で相応《ふさわ》しい態度をとっていなかったのである。

そのような状況の中で、アッシリアが攻めてきたのである。だからといって、民を救い、民を勝利に導く義務が神にあるだろうか。

神に対する民の義務が実現されていてこそ、神は民に恵みを与えるのであり、戦争の際に勝利を実現するのである。神に対する民の義務が実現されていない状態では、神が動かなくても、神が駄目な神だということにはならない。買い手が百円を出しているのに、売り手がリンゴを渡さないならば、売り手に問題がある。しかし買い手が百円を出していないのならば、売り手がリンゴを渡さないのは当然である。それでも売り手に問題があるとして、売り手を非難することはできない。リンゴが手に入らないことが困った事態ならば、そのような困った事態が生じてしまった原因は、百円を出さない買い手の側にあることになる。

このように考えるならば、神の沈黙は、神が駄目な神だから生じたのではなく、民の態度が神の前で不適切だったから生じたことになる。

このような論理を採用することで、ヤーヴェは駄目な神だとしなければならないといった事態を回避できることになる。この論理によって、神はいわば救われたのである。これは神が「義」とされたと言い換えることもできる。

罪の概念の成立と一神教の誕生

しかし契約の概念を導入して神の地位を救ったために、別のさまざまな結果が生じることになる。ここでは以下の五つの点について指摘しておく。

一、神が義とされ、民が罪の状態にあることになる。

二、罪の状態にある民にとって、神の前での義の実現が最大の課題となる。

三、御利益宗教的あり方の克服が開始される。民が罪の状態にあるならば、民に対する神の優位が決定的になる。そして民が罪の状態にあることとなって、民の状態に欠陥があることとなったために、人が神を選ぶという御利益宗教的な態度が不可能になる。

四、神と民の間に断絶が生じる。民が罪の状態にあるということは、民の側からの神への働きかけに有効性がないことを意味する。また民が罪の状態にあるのでは、神は沈黙を続けることになる。

五、一神教的態度が成立する。ヤーヴェ以外の神々を民が選ぶことが不可能になったからである。

第一。神と民との関係について契約の考え方を導入したことによって、民についての罪の概念が生じることになった。

神が駄目な神でないとするためには、民の側の状態が神の前で相応しいものでないということを受け入れる必要がある。これは北王国の民のかつての態度にあてはまるだけではなく、南王国の民の状態にもあてはまることだった。しかし重要なのは事実として民の態度が不適切であるということではない。それよりも、沈黙する神の正当性を保持するという論理上の必要から、民の側の状態が神の前で相応しいものでないということが受け入れられねばならないという動機の方が強力だったと考えるべきだろう。神の前の民の態度が不適切であるという状態は、伝統的な用語では「罪」と呼ばれている。

「罪」という語の原義は、「的はずれ」ということである。罪は、関係のあり方を示す語である。相手ないし対象との関係において、それと関係をもつ者の態度が相応しいものでない状態のことである。

宗教的な文脈で「罪」という言葉が使われると、分かりにくいと感じる人が少なくないようである。しかしそうした人でも、たとえば刑法上の罪のことは了解できるだろう。「人を殺すな」という規定があるとする。ある者が人を殺していないという状態ならば、この規定との関連において、その者には罪はない。しかしある者が人を殺したならば、その者にはこの規定との関連において罪がある。これは「人を殺すな」という規定に対して、「人を殺した」という者の状態が「的はずれ」になっているということである。

この「的はずれ」かどうかの対象を、刑法上の規定ではなく、神に置き換えれば、神に対する罪のことが了解できるだろう。神の前で適切な態度をとっていることが「的をえた」状態である。この状態ならば、「罪」はない。しかし神の前での態度が不適切ならば、それは神に対して「的はずれ」な状態である。これが、宗教的な「罪」の状態である。


第二。人が罪の状態にあるということは、一つの大きな問題であって、解決されねばならない問題である。「罪」の対立概念は、「義」である。「義」とは「正しいこと」であり、それは「神の前で的をえている状態」である。つまり「神の前で正しい」ことである。神は義であり、この正しい神の前で民も正しくあらねばならない。

したがってこれ以降のユダヤ教の課題は、神の前での義をどのように実現するかということに尽きると言っても過言ではない。罪の状態にあるならば、義の状態にならねばならない。この点は誰もが認めることである。しかし「義である」「正しい」とは具体的にどのようなことなのかということについては、さまざまな立場が生じ、さまざまな試みがなされることになる。

さらに一言確認しておくと、このようにして「義」の問題が最大の問題となり、これ以降の展開においてこの問題が圧倒的に支配的になったために、人間存在や、神と人との関係におけるその他の問題が後退してしまった傾向がある。

たとえば「真、善、美」といった項目と照らし合わせるならば、「義」の問題は「善」の問題だということができるだろう。「善」が「義」に、「悪」が「罪」に対応すると言うことができると思われる。そして「真実」の問題、「美」の問題が、なおざりにされる傾向が生じた。近代における科学の展開、またロマン主義に顕著に現れる大きな流れは、こうした問題の復権の流れだと捉えることができると思われる。

第三。民が罪の状態に位置づけられることによって、民に対する神の優位が決定的になる。

御利益宗教的あり方においては、表面的に神が優位にあるような扱いを受けていても、実は人の側にどの神を選ぶかの権限があり、そして人が神に命令していた。こうしたことが不可能になったのである。罪の状態にあるのでは、人はもはや神に命令することはできない。人の側の状態が神の前で不適切であるために、たとえ人が命令を出しても、その命令には十分な正当性がなく、その命令によって神を動かすことができなくなる。

したがって神の前での人の状態が根本的に不適切であると認める態度は、通常の御利益宗教的あり方を不可能にすることに繋がる。ここにおいてユダヤ教は、単純な御利益宗教的民族宗教のあり方の枠組みから一歩外に出たことになる。ユダヤ教およびその系統にある流れの独自性は、ここから始まると考えてよいだろう。

ただし民の側に罪を認めれば、それで御利益宗教的あり方が完全に克服されるのではない。あとで見るように、この段階は「御利益宗教的あり方の克服の開始」とでも位置づけるべき段階に過ぎない。

第四。民が罪の状態にあるということは、第三で見たように、民からの神への働きかけに有効性がなくなることを意味する。そして神は沈黙を続けることになる。このことは、神と民の間に断絶が生じたと言うことができるだろう。

第五。一神教的態度が成立する。第三で見たように、ヤーヴェ以外の神々を民が選ぶことが不可能になったからである。このために民にとっての神はヤーヴェ以外ではなくなり、民にとってヤーヴェのみが神であることが決定的になる。

確かに第四で見たように、ヤーヴェと民との関係は断絶している。しかしこうした状態が生じたのはヤーヴェと民の間について契約の概念を導入したからである。この契約の関係は、ヤーヴェと民の間に存在している。したがってヤーヴェと民の間には断絶があっても、ヤーヴェと民の関係が解消しているのではない。ヤーヴェと民との間には、積極的な関係ではなく、消極的な関係があると言うことができる。そして民と他の神との関係は、不可能である。こうして、民にとっての神はヤーヴェでしかないことになる。

こうした関係を示したのが6図である。神と民の間には断絶がある。しかしそこには消極的関係がある。そしてこの関係は、契約の関係である。神と民の間には契約があるのだが、一方の当事者である民は罪の状態にあり、契約における当事者の義務を果たしていない。そのために契約が実行されないのである。そして民は、他の神々を選ぶことはできない。これも民が罪の状態にあるからである。

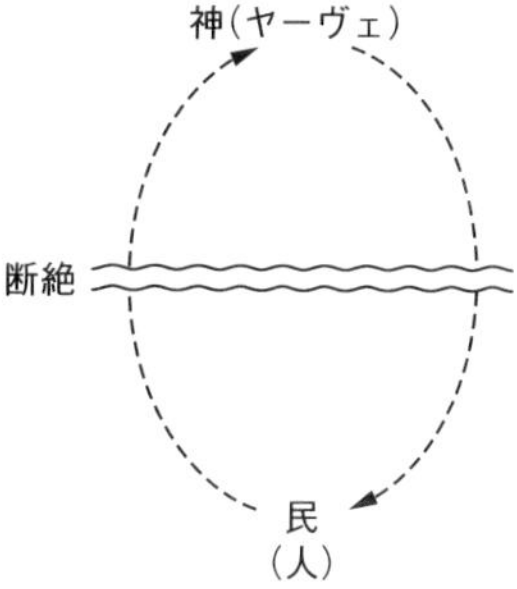

6図　ヤーヴェと民の消極的関係

ただしこの一神教の枠組みから出る方法もある。ヤーヴェとの契約を破棄すればよいのである。そうすれば民が罪の状態であるという位置づけも解消する。しかしこのことは、ヤーヴェを見捨てることを意味する。契約を破棄することは、ヤーヴェを駄目な神だとすることを意味するからである。民は駄目な神を選ぶことはできない。

したがってヤーヴェとの契約を破棄してヤーヴェを見捨

てるか、ヤーヴェとの関係を維持するなら契約の枠組みを受け入れて、ヤーヴェのみと関係をもつという意味で一神教的な態度を維持するかしかないことになる。つまりヤーヴェを捨てないならば、民は一神教の枠組みから出ることができないのである。

一神教的な態度について、砂漠の気候のためだとか、遊牧民の思想が背景にあるといったことが指摘されることがある。こうした観察は、それなりの傾向を指摘したものとしては意味があるかもしれないが、こうした要素は決定的な要因ではない。砂漠の民でも、遊牧民でも、多神教的なグループは存在する。イスラエル民族にもバアル崇拝のような傾向が生じた。バアル崇拝はイスラエル民族が定着してから生じたという反論があるかもしれない。

しかしイスラエル民族における一神教的傾向が決定的になったのは、バアル崇拝の問題があったあとで、北王国滅亡後の前八世紀後半以降のことである。イスラエル民族において一神教的傾向が決定的になったのは、北王国が滅んでも、南王国がまだ独立を保ったからである。

御利益宗教の可能性

ここで御利益宗教的あり方について、ユダヤ教における一神教の方向への展開とは別の方向への可能性に関して、簡単にいくつかの点を指摘しておこう。

御利益宗教的あり方は、人間の側の「必要」に応じて、人が神を選ぶことができ、人が神に命令できることが基本的な構造となっていると述べた。神に対して人が優位に立っているのである。

こうしたあり方であるにしても、ここで人が神ないし神的現実と関わりをもっていることに変わりはない。人の側の日々の生活の表面的な必要だけに御利益宗教的あり方が基礎をおいている限りでの問題は、人と関わる神ないし神的現実が、人の側のこうした表面的な必要に対応する部分に限られてしまうということである。こうしたことでは、人にとっての神ないし神的現実とは、人が都合よく利用できる便利な超能力者以上のものではない。

しかし御利益宗教的あり方を基本的に維持した形においても、神と人との関係に展開が生じる余地はあると思われる。

たとえば神ないし神的現実との関わりにおける人の側の必要についての思索が、拡大し深化する可能性がある。人間の必要は、生活のための富や子孫の繁栄、共同体の安全や繁栄、戦争での勝利といったことだけなのだろうかと気づく者が現れるようになる。また神ないし神的現実そのものについても、人間の必要に即物的に対応するような部分を越えたところの広がりないし深さに気づく者も出てくる。

この場合、こうした現実を「神」という名で呼び続けることも可能かもしれないし、別の表現が用いられることもあるかもしれない。いずれにしても、こうした場合には、人間の単純な日常生活のあり方に単純には対応しない世界が問題となっている。そしてこうした世界の存在に気づく者がある程度以上の流れとなるならば、その方向への模索が無限に進められるということになる。

こうした方向への模索がある程度以上進めば、神に対する人の優位などといったことはもはや問題ではなくなる可能性も出てくる。

御利益宗教的あり方が一神教的展開に方向を転換した場合にも、以下に見るようにさまざまな発展があり得るが、御利益宗教的あり方がそのままで拡大・深化して、神に対する人の優位という御利益宗教的あり方の特徴がいつのまにか消滅してしまうこともあり得る。

こうした動きの例としては、やはり仏教の場合が念頭に浮かぶ。また近代の科学の進展にも、類似した構造が認められるところがある。仏教の展開については、本書では系統立って扱う余裕はないので、またの機会に譲りたい。近代の科学の進展については本書の末尾で簡単に触れる。

第3章——神殿と律法の意義

南王国の滅亡とバビロン捕囚

前章では、ユダヤ教において神と民の間についての契約の概念および民についての罪の概念が生じて、そしてイスラエル民族にヤーヴェを唯一の神とする一神教的態度が成立した様子を述べた。

本章では、これに続く時期における展開を扱う。この時期以降のユダヤ教の展開においては、神の前での義の模索を巡る問題に注目する。申命記改革の問題、バビロン捕囚の意味、第二神殿建設の意味、聖書の成立の開始の意味といったテーマについて検討する。

この時期の大きな流れを示したのが7図である。

前七二二年に北王国がアッシリアに滅ぼされた時に、南王国はかろうじて独立を保った。しかし前七世紀末になると、メソポタミアの南部の河口地方からバビロニアの勢力が拡大し、アッシリアはバビロニアに滅ぼされる。そして前六世紀には、南王国も滅ぼされる(前五八七年)。

生き残ったユダヤ人たちは、バビロニアの首都であるバビロンの近くに連行される。これが「バビロン捕囚」である。しかしバビロニアは前六世紀後半に、アケメネス朝ペルシ

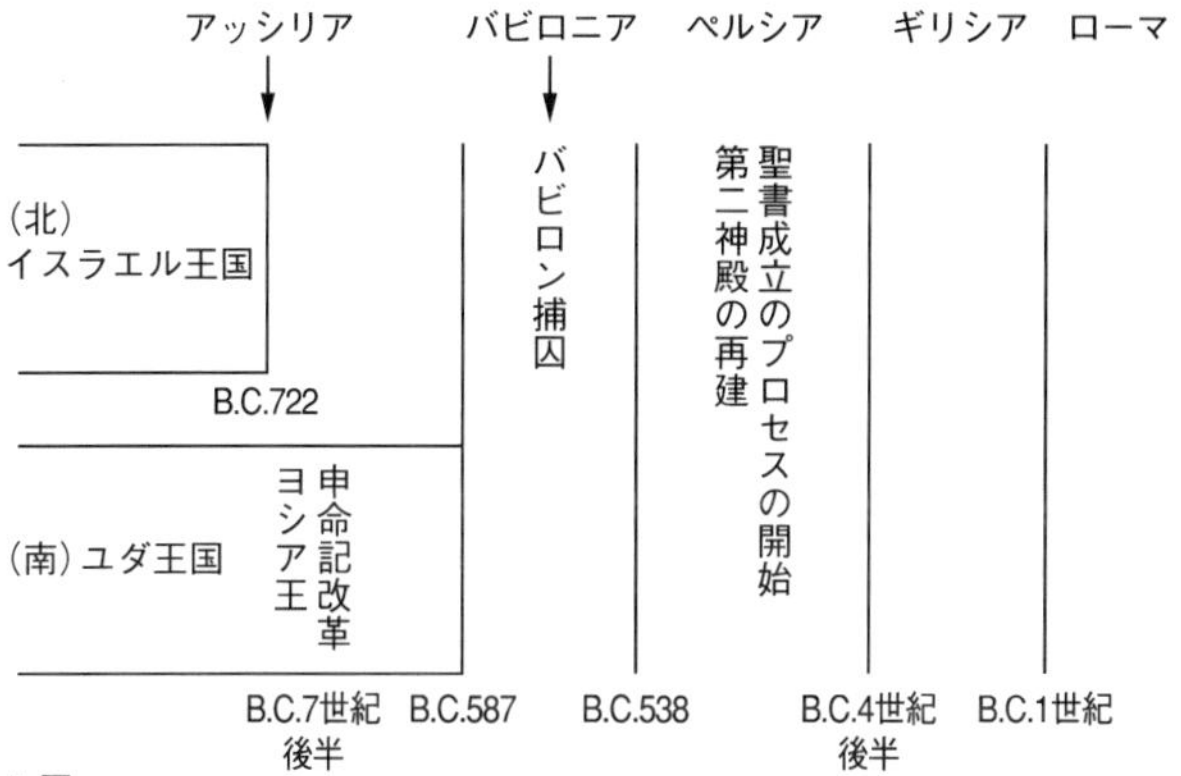

7図

アによって滅ぼされ、「バビロン捕囚」は約半世紀ほどで終わることになる（前五三八年）。この後、ペルシア、ギリシア（アレキサンダー大王の征服事業で成立したヘレニスム帝国）、ローマの支配が続く。

南王国では、前七世紀後半のヨシア王（前六四〇―六〇九年）の時に、いわゆる申命記改革が行われ、特に後に「申命記法」と呼ばれる理想主義的な掟が作られた。これは神の前での義の模索の目立った試みの一つと考えることができる。しかしこの申命記法については、いくらかあとで取り上げることにする。

ここではまずバビロン捕囚の事件（前五八七―五三八年）について注目してみたい。バビロン捕囚は、南王国がバビロニアに滅ぼされて、生き残ったユダヤ人たちがバビロニアの首都であるバビロンの近くに連行され捕囚状態で半世紀ほどの間を暮らしたという事件である。

南王国が滅んだことによって、ユダヤ人の独立王国はなくなってしまった。ヤーヴェは、この時も動かなかったのである。前章で説明したように、通常ならばこれはユダヤ人がヤーヴェを見捨てても仕方のない事件である。実際には、ヤーヴェを見限ったユダヤ人も多かったのかもしれない。しかしヤーヴェを見捨てなかったユダヤ人も少なくなかった。ヤーヴェ崇拝が存続したのである。これは北王国滅亡の後の契約の概念・罪の概念の導入によって、ヤーヴェが沈黙していてもそれでヤーヴェを駄目な神だとせずに済む考え方が成立し、ある程度以上浸透していたからである。

しかし南王国が滅亡したことによって、ユダヤ人たちがすべてを失ってしまったような状態になったことも事実である。古代民族の王国は、民族の神との繋がりを柱にして成立しているのが常識的なあり方である。その際に、神と民との繋がりを具体的に保証しているのは、土地(領土)・王・神殿である。ユダヤ人の王国は、こうしたあり方の典型の一つだった。領土は神から与えられたものである。王は「神の子」であって、神の前で民を代表し、また神と民の間をとりもつ役割を果たす。神殿は「神の家」であり、「神が住むところ」である。また神殿の活動の中心は犠牲祭である。犠牲にはさまざまなものがあるが、その中心は「ホロコースト」であって、つまり「焼き尽くすささげ物」である。家畜を文字通り全部焼いてしまって、その煙が天に昇る。これが「神の食物」とされ、また神と民の繋がりの目に見える保証だった。また神殿の祭司には、神の前で民を代表し、また神と民の間をとりもつ役割を果たすという面もあり、王の役割と似たところもあった。

「思い出」が神と人を繋ぐ

王国の滅亡によってユダヤ人は、こうしたものをすべて失ったのである。しかしヤーヴェ崇拝は失われなかった。しかしヤーヴェが彼らの神であり続けるとして、そのことが理論的に成立するだけでは、ヤーヴェ崇拝を維持することはできない。ヤーヴェが彼らにとっての唯一の神であり、民は罪の状態にあり、しかし神と民は契約の関係で結ばれているとしても、そうしたことを確認するだけでは不十分である。

このためにさまざまな展開が生じたが、ここではその中でもっとも重要だと思われる点を指摘する。ユダヤ人は神と民を繋ぐ具体的な要素をすべて失ったような状態になった。奴隷状態になって、身の回りには何もないのである。しかし、まだ残っているものがあった。それは一言で言うならば「思い出」である。

個人の人生にもさまざまな出来事が生じるが、具体的なものとして結局のところ残るのは思い出だけである。これは民族という集団にも当てはまる。神と民の具体的な繋がりとして、奴隷状態にある民に残っていたのは、過去における神との繋がりの思い出だった。

そしてさまざまな思い出の中で、やはり神との繋がりが良好だった時の思い出が重要になる。その中で特に重要なものとなったのが、「出エジプト」の思い出だった。

出エジプトは、前十三世紀に、ユダヤ人の祖先がエジプトで奴隷状態に苦しんでいた際に、ヤーヴェが彼らを解放したという事件である。彼らはこの事件について、繰り返し語った。それは現在における神と民との繋がりを確保するためである。

しかも出エジプトは、奴隷状態にあった民をヤーヴェが救ったという事件である。バビロン捕囚の状態にあったユダヤ人は、この思い出を語ることによって、「かつて神は私たちの祖先をエジプトから救い出したのだから、将来も神は必ず私たちを救うだろう」と考えることができたのである。つまり過去の思い出によって、未来への希望が生じたのである。

そしてここに、神と民の関係に関して、過去の出来事を基準にして、現在と未来を位置づけるという態度が生じることになった。こうした態度も、古代における常識的な宗教的態度と比べるならば、かなり特異なものである。

常識的には、神と民の関係は、あくまで現在のものである。神殿の犠牲祭における犠牲の煙は、現在、天に向けて昇っているのであって、これが神と民の関係を保証している。したがって犠牲の煙は決して絶やすべきものではないとされていた。神と民の関係は、犠牲の煙が示すように、刻々と、現在において存在しているのであり、それがどの現在においても絶えるべきものではないとされていたのである。

また王も、現在、王国に王が神の子としていることが重要だった。個々の王が亡くなっても、次の王が即位して、神との繋がりを保証する。また土地も、現在における神の恵みとして、常に確保されているのである。

ところがすべてを失ったような状態になったために、新しい態度が生まれたのである。そして過去の出来事を基準にして現在と未来を位置づけるという態度は、過去が現在と未来を規定するというあり方を準備することになる。

現代の人々は、歴史の意義について子供のころから繰り返し教え込まれているので、こうしたあり方は奇異には思えないかもしれない。しかし素直な気持ちになってこのことを考えてみると、こうしたあり方には異常なところがあると言えるかもしれない。人間は現在を生きているのであって、そしてその現在は未来に向けられているのである。人間は過去に規定されるために現在を生きているのではないはずである。

このように述べたからといって、現在や未来にとっての過去の意義をまったく無視するのがよいと主張しようとしているのではない。過去におけるさまざまな蓄積が、現在や未来にとって有用である場合は少なくない。しかしここで問題となっているのは、過去の経験を現在や未来に活かすといった程度のことではない。過去が現在と未来を規定するということは、現在と未来が過去に従属するということである。

しかも過去の出来事は、すでに生じた出来事なので、すでに確定したものと考えられ易い。過去の事実と、それを現在に伝える思い出とが厳密に一致するなどということはないというような問題は、なかなか認識されないものである。過去の事実と思い出は、単純に混同され易いのである。

このことは、聖書（律法）の位置づけの問題と大きく関わってくることになる。また近代における聖書学と聖書至上主義ないし聖書原理主義の問題にも大きく関わってくる。

ディアスポラのユダヤ人

バビロン捕囚は、半世紀ほどで終わることになる（前五三八年）。バビロニアを滅ぼしたアケメネス朝ペルシアも広い範囲を支配下においた。この際にペルシアは、支配下の諸民族にかなりの自治を許すという政策を行った。このために、バビロン付近にいたユダヤ人にも、パレスチナに帰ってよいという許可が出された。

多くのユダヤ人がパレスチナに戻ったが、バビロンに残った者たちも少なくなかった。したがってこの時から、ユダヤ人共同体が、パレスチナとバビロンに存在することになる。パレスチナ以外の土地に住むユダヤ人を「ディアスポラのユダヤ人」と呼ぶ。この時からディアスポラのユダヤ人が存在することになる。バビロン捕囚の時にもユダヤ人は、バビロン付近で暮らしていて、パレスチナ以外の土地で暮らしていたのだが、これは強制的にこの土地に住まわされていたのである。バビロン捕囚の時をユダヤ人のディアスポラの始まりとすることもできるかもしれないが、ペルシア期以降をディアスポラの始まりとすることが多いようである。

このペルシア期(前六世紀後半—四世紀後半)におけるユダヤ教での出来事として注目しなければならないのは、第二神殿の建設と、聖書成立の開始である。この二つの出来事がなぜ生じたのかについて、検討する必要がある。

第二神殿はなぜ造られたか

すでに見たように第一神殿は、ソロモンの時に建設され、南王国滅亡の際に破壊された。第二神殿の再建については、ペルシア当局の許可もあり、また支援もあったようである。神殿はユダヤ教にとって重要な宗教的施設であり制度である。破壊された神殿を再建するのは、いわば当然のことと考えてしまいがちである。

しかし第二神殿の建設には、困った問題がある。ユダヤ教において神殿は、エルサレムにある神殿だけである。そして神殿での活動の中心は、犠牲祭である。古い時代には、他の場所にも祭壇を築くことも行われたが、結局のところ神殿はエルサレム神殿一つに統一された。したがってユダヤ教において神に犠牲をささげる活動ができるのはエルサレム神殿においてのみである。神殿における犠牲祭の意味についてはすでに述べた。犠牲の家畜を焼いてしまうことによって生じる煙が、神と民の繋がりを具体的に保証していると考えられていた。したがってエルサレム神殿は、ユダヤ教にとって重要な制度である。また祭司たちも、神と民の繋がりを保証する役割を果たしていた。

しかしバビロン捕囚の時代には、神殿は存在していなかった。それでもヤーヴェ崇拝は存続していた。

つまり神殿は、神と民の繋がりを維持するために不可欠のものではないということになる。また北王国が滅亡して民の罪の問題が生じても、南王国滅亡までは神殿の活動は続けられた。このことは神殿の存在と活動は、民の罪を解消するものではないということを意味する。したがって第二神殿は神と民の繋がりにとって不可欠なものではないのに再建されたのである。

このことは現在における神殿の状況からも確認することができる。第二神殿は後一世紀後半（後七〇年）にユダヤ人がローマ帝国との戦争で敗北した際に破壊された。その後二千年近くの間、ユダヤ人全体がディアスポラの状態にあったが、二十世紀半ばにイスラエル共和国が成立した。しかしそれから半世紀ほどたったいまでも、第三神殿は建設されていない。もちろん神殿の敷地を巡る状況、イスラエル共和国を巡る状況の問題があって、第三神殿の建設は事実上不可能な状態が続いている。しかしそのような問題を考えないとしても、第三神殿を単純に再建することは困難だと思われる。後七〇年以降の二千年近くの間、エルサレム神殿は存在しなかったのである。それでも神と民との繋がりはなくならなかったのである。それなのにさらに神殿をどうしても再建しなければならないのかという問題があるからである。

また聖書には、神殿の価値を積極的に評価する文章も数多く記されているが、神殿には価値がないとする立場の文章も記されている。たとえばアモス書五・二五には次のように記されている。

イスラエルの家よ
かつて四十年の間、荒れ野にいた時
お前たちはわたしに
いけにえや献げ物をささげただろうか

つまり神殿の活動は、絶対に必要なものではないのである。またサムエル記下七章には、ダビデが神殿を建設しようと思い立つのだが、預言者ナタンを通じて神が制止するという物語が記されている。サムエル記下七・七には、神の言葉の一部として次のように記されている。

わたしはイスラエルの子らと常に共に歩んできたが、その間、わたしの民イスラエルを牧するようにと命じたイスラエルの部族の一つにでも、なぜわたしのためにレバノン杉の家を建てないのか、と言ったことがあろうか。

アモスは前八世紀の北王国の預言者である。サムエル記の成立年代を決定することは難しいが、バビロン捕囚のころまでにはある程度の形のものが成立していたと考えられる。いずれにしろこれらのテキストを含んだ文書が聖書の一部として認められていることは確かであり、聖書の成立は第二神殿が存在している時期である。つまり第二神殿が存在していても、神殿には価値がないとする流れが有力なものとして存在していたことの証拠になっている。

つまり第二神殿は必ずしも必要なものではないとする議論も存在したにも関わらず、あえて再建されたと考えるべきである。したがって第二神殿建設には、単に破壊された神殿を再建すべきだという以外に何か強い動機がなければならない。

「聖書」の成立

聖書の成立の開始を巡っても、同じような問題が存在する。聖書はペルシア期に入るまでのユダヤ教には存在していなかった。ところがこの時に、たいへんに大きな権威をもつ文書集が「聖書」として成立し始める。

ユダヤ教の聖書は、ペルシア期の前五世紀か四世紀に成立し始める。つまりこれ以前には聖書は存在しなかったのである。聖書は「時の初めから」「永遠の昔から」存在していたのではない。

また聖書は、一挙にその全体が成立したのではない。ユダヤ教の聖書は、前五世紀か四世紀に成立し始め、その全体的な形が一応のところ確定したのは後一世紀末である。つまり聖書の成立には五百年ほどの時間がかかっていることになる。キリスト教だけに認められている新約聖書が成立したのは、もちろん後一世紀以降のことである。ユダヤ教の聖書には、もちろん新約聖書は含まれていない。

ユダヤ教の聖書は、最終的な形においては三部構成になっている。すなわち、

第一部　律法（トーラー）
第二部　預言者（ネビイーム）
第三部　諸書（ケトゥビーム）

である。最終的な形のものは、三十九の文書からなっており、すべての文書がほんの一部のテキストを除いて、すべてヘブライ語で記されたものである。ヘブライ語の三十九の文書が正典と決定される以前は、聖書の状態は流動的だった（ユダヤ教の聖書の文書数については、別の数え方も存在するが、本書では煩瑣になるのを避けるために「三十九」という数字だけを挙げておく）。たとえばギリシア語で記された文書も聖書の一部とされていたりした。キリスト教がユダヤ教から受け継いで「旧約聖書」としたものは、ユダヤ教におけるこのヘブライ語の三十九の文書からなるものとは、必ずしも一致しない。「旧約聖書」の構成については、キリスト教のさまざまな流れにおいても、立場が必ずしも一致していない。

前五世紀か四世紀に聖書成立が開始したというのは、この時に第一部の律法の部分が成立したという意味である。この部分のタイトルはヘブライ語では「トーラー」であり、それを訳したのが律法である。この律法は、いわゆる「モーセ五書」のことである。

「律法」という名にはいくつもの意味があるが、聖書の第一部の正式なタイトルとしての「律法」の他に、聖書全体が「律法」と呼ばれる場合、また聖書と並んで存在する口伝《くでん》の律法を加えたものの全体が「律法」と呼ばれる場合などがある。

「律法」は一字一句も変更できないとされる程の権威をもつことになる。すなわちユダヤ教の「正典」(カノン)となる。これにさまざまな文書が加わり、最終的に三部構成とされて後一世紀末に最終的な形が決まることになる。「一字一句も変更できない」とされているはずの文書集に、他の文書が加わったりするのはおかしな話だが、これについては後述する。

ペルシア当局の命令で作られたユダヤ教の律法

ユダヤ教の聖書の一部である律法は、ユダヤ人であり、ペルシア宮廷のいわば高級官僚だったエズラという人物が中心となって編纂され、そして絶対的権威のある掟として成立した。その時期については諸説があって、前五世紀のことか前四世紀前半のことか決め難い。いずれにしてもペルシア期のことである。

ユダヤ教にはそれまで、このような強い権威のある文書集は存在しなかった。なぜこの時期になってこうした文書集が出現したのか。

聖書は「神の言葉」であるとされることがある。しかし聖書のテキストが神の権威を背景にしているというだけでは、聖書が正典とされるほどの絶対的権威をもつには不十分である。「神の言葉」は、それ以前にもいろいろと存在していたからである。たとえば十戒は、実際にモーセのころに成立したかどうかはともかく、やはり神の言葉である。預言者が伝える言葉は、神の言葉である。またたとえばヨシア王が中心となって編纂された掟も、やはり神の言葉としての権威があったとしてよいだろう。しかしどの神の言葉も聖書のような絶対的権威をもつには到らなかった。

ところがエズラが中心になって成立した律法は、単なる神の言葉以上の権威をもったのである。これはエズラの律法の背景に、ペルシア帝国の強大な権威があったからと考えなければ了解できないと思われる。

律法には、ペルシア当局の命令によって作られたという面がある。ペルシアは支配下の諸民族にかなりの自治を許すという統治政策を行っていたと述べた。しかし諸民族をまったく野放しにしていたのではない。そして諸民族を管理する手段の一つとして、民族が従うべき掟を文書の形にして当局に提出させようとした。このためにユダヤ人においては、律法が作られたのである。このことは律法の作成の中心的指導者であるエズラが、ペルシアの高級官僚であったということと見合っている。

このような掟の文書を作成する場合に、どのような状況が生じるだろうか。モーセ五書の内容は、たいへんに複雑なものになっている。同じようなテーマについて、微妙に異なる立場が表明されているテキストが並んでいることが少なくない。これはユダヤ人の間にさまざまな立場があって、それらを妥協的に取り入れたために生じた結果だとまずは考えられる。そうして、どの流れも完全には満足ではないが、ユダヤ人の全体がとにかくも合意できる文書ができあがる。それを公式で確定的なものとしてペルシア当局に提出する。

ところがいったんこうした掟を提出してしまうと、あとはユダヤ人はこれに服従せざるを得なくなる。気に入らない部分があっても、もはやユダヤ人内部の対立の枠内で処理できる問題ではなくなってしまっている。ユダヤ人内部での問題ならば、テキストの変更について、たとえば新たな「神の言葉」が啓示されたといった議論ができる余地がある。ところが律法の場合には、変更が必要ならペルシア当局の認可を得なければならない。しかし神の言葉を変更してよいかどうかについて、異教の勢力であるペルシア当局の判断を仰ぐといったことができるだろうか。こうして神の言葉である律法は、ペルシア当局に対して公式なものとして提出したとたんに、もはや変更ができないものとなってしまったのである。ユダヤ人はこの律法に服従するしかない。律法の規定の文字通りの意味が現状に合わなくなったら、あとは解釈を変更するしかないということになる。

こうして「一字一句も変更できない」という前代未聞の絶対的権威をもった掟である「律

法」という特異な存在が成立したのである。

しかしこれだけでは、聖書の第一部である律法がなぜ絶対的権威をもつことになったかを説明できるだけである。前四世紀後半にペルシア帝国が滅亡した後も、聖書の権威が衰えることはなかった。それどころか、だんだんと多くの文書を含むようになった律法は、絶対的権威をもつものとして、ユダヤ教においてますますその地位が堅固なものとなっていく。

したがってユダヤ人にとっての公式の掟としてペルシア当局に提出されたことによって最初の律法が絶対的権威をもつことになったことは、聖書がこの後も絶対的な権威をもち続けることの不可欠な発端であり、いわば発火剤のような役割を果たしたが、これだけでは律法がこの後に絶対的権威をもち続けることの理由として不十分である。

つまり絶対的権威をもつ律法には、いったん成立した後も、そのようなものとして維持するだけの強い意義があったということになる。

第二神殿が本来的に不必要なのにやはり再建されて、神殿としての活動が再開され維持されたこと。律法がペルシアの権威を背景にして絶対的権威をもつものとして成立したが、ペルシア帝国が滅んでもさらに律法が絶対的権威をもつものとして維持されたこと。

この二つの大きな出来事を説明する上では、さまざまな要因を検討すべきだろう。しかしここでは、そうした要因の中でもっとも重要な意味をもつと思われるものを検討する。それは「知恵」の問題である。そして「知恵」の問題を検討することによって、神殿と律法の機能についての理解を、本質的なところで深めることができると思われる。

「知恵」の展開

聖書には「知恵文学」と呼ばれるジャンルに属する文書やテキストが少なからずおさめられている。私たちの手元には書かれたテキストしか残っていないので、「知恵」について考える際には、どうしても「知恵文学」が問題になる。しかし「知恵」の活動があって、そこから「知恵文学」のさまざまなテキストが生じたのであって、その逆ではない。

「知恵」とは何か。これは単純に言うならば、「人間の考える能力」である。人間は生活する中で、いろいろと考える。それが「知恵」である。「知恵」はギリシア的な「哲学」(知恵を愛すること)に似ているが、ギリシア的哲学の伝統では人間の能力のうちの理性を重視する傾向が強いようである。しかし「知恵」においては、理性ばかりが重視されるのではない。「知恵」は人間の考える能力をもっと総合的に捉えたものと言うことができるだろう。

人間は誰でもある程度は考える能力をもっているので、誰でもある程度「知恵者」である。そして人間がまず関心をもっているのは、やはり日々の自分の生活のあり方である。

人間はあれこれ知恵を働かせて生活しているが、それらは書き記されないと消えてしまう。それでもいくらか気の利いた理解が見つかると、それが他の人にも伝わって人々に共有されるようになる。そのように共有されるようになった知恵の思索のもっとも原初的な形態のものが「ことわざ」である。「ことわざ」は、人間のごく普通の日常生活の中でいくらか気の利いた知恵の思索を、これもいくらか気の利いた言い回しにおいて表現したものである。ユダヤ人たちの間でもこうした「ことわざ」は古くから存在し、伝えられていた。これを集めて書き記し、文書にして聖書におさめられることになったのが「箴言《しんげん》」である。

しかし古い時代の民衆の知恵はあまり展開しない。ところがだんだんと時間がたつと、知恵の思索をさらに推し進める者が出現してくる。これが本格的な「知恵者」「賢者」である。

知恵者は、人生のさまざまな大問題についての思索を深める。生、死、喜び、苦しみ、労働、病い、セックスの不思議な力、等々。したがって知恵の思索は、ユダヤ人だけに限定されたものではない。さまざまな文明において展開する。むしろ接触のあった大文明での知恵の思索に触発されて、ユダヤ人における知恵の思索が本格的に展開したと言った方がよい程である。

ユダヤ人においては、前七世紀頃までは、民衆のレベルでは知恵の思索は本格的なものではなかったと思われる。王や司祭や預言者といった傑出した指導者に人々は従うばかりだった。

しかし次第に人々の間での知恵の思索が本格的になってくる。人々の文化的レベルが次第に高まって、だんだんと「自分で考える」ようになってくるのである。そしてユダヤ人がバビロニア・ペルシア・ギリシアといった大文明と接する機会が増えて、知恵の思索が本格的に展開するようになる。特にバビロン捕囚の出来事は重要な意味をもったと思われる。南王国の滅亡後、ユダヤ人たちはパレスチナを捨てることを余儀なくされたが、彼らはちりぢりになったのではなく、強制的にバビロニアの首都バビロン付近に一団となって暮らすことになった。バビロンは当時の文明の一大中心地である。半世紀におよぶバビロン捕囚の時期に、ユダヤ人たちがこのバビロンの文化に強く刺激されたことは確かである。

「神の前での自己正当化」

ところで北王国滅亡後のユダヤ人にとっての最大の課題は、神の前での義をどのように実現するかという問題である。簡単に言うと「正しくなりたい」のである。知恵の能力が次第に高まって、人々がこの問題にそれぞれに取り組むようになる。

こうした取り組みの最初の目立った例は、すでに簡単に言及したところの、南王国のヨシア王（前六四〇—六〇九年）による申命記改革である。この時に、たいへん理想主義的な掟集が作成された。モーセ五書の第五番目の文書である「申命記」におさめられている掟集にこれがほぼ対応していると考えられるところから、この掟集は「申命記法」と呼ばれている。しかしこの呼び名は、あくまで後世のものである。

ヨシア王は南王国末期の王であり、したがって申命記法の成立はバビロン捕囚の前の時期の出来事である。申命記法が王の主導で作成されたことは、知恵がまだ十分に民衆のレベルのものでなかったことを物語っているると考えてよいだろう。本書では申命記法の内容について詳しく検討する余裕はない。いずれにしても、神の前でどのような態度が正しいのかを具体的に示す試みが、ここで行われたことになる。

この申命記法をはじめとしてこれ以降の時期に、大小さまざまな規模で、神の前でどのような態度が正しいのかについての模索が進められたと考えられる。

しかしこうした知恵による模索には大きな問題がある。それは神の前での正しい態度がどのようなものかを人間が決められるのかという問題である。知恵の能力が発展して、人間が自分であれこれと考えるようになる。神の前での義の問題についても、さまざまに考えを巡らせるようになる。こうした取り組みは、真面目で真剣なものであるに違いない。

しかし神の前で何が正しいのかを決めるのは神自身ではないだろうか。もし人間が自分の知恵で何が正しいのかについて知ることができて、そのようにして発見された掟が神の前で正しければ、人間は神にではなく、その掟に従えばよいということになる。そしてそのような掟に従っている人間を、神が義としなければならないことになる。神は、人間が発見した掟の原則に服従すべきだとされているのであって、いわば人間は自分の掟を神に押しつけているのである。権威をもっているのは掟であって、人間も神もその掟に従うべきだとされている。このような神は、もはや神ではないのではないだろうか。

これはつまるところ、人間の知恵が神を支配できるとする立場である。単純な御利益宗教の場合とは別のあり方で、神に対して人間が再び優位に立っていることになる。これは「神の前での自己正当化」の問題ということができるだろう。

こうした枠組みにおいて、自分が発見した善悪の原則に自分が完璧に従っているのだから「自分は正しい」とする態度も出現してくる。こうした態度は、聖書の中のテキストにも散見される。このような態度が記されている聖書のテキストの成立年代はどうしても遅い時代のものになりがちだが、そのようなテキストがあちこちに認められるということは、それに先立つ時代に同じような態度がすでにかなり広がっていたと考えるべきである。

たとえばトビト記は一つの物語になっているが、その冒頭で物語の主人公であるトビトが次のように述べている（一・三）。

わたしトビトは、生涯を通じて真理と正義の道を歩み続けた。

詩編の中にも、自分を「正しい」と宣言する句が見受けられる。

わたしは心を尽くして主に感謝をささげる、
正しい人々の集い、会衆の中で。（詩編一一一・一）

主よ、あなたの裁きを望みます。わたしは完全な道を歩いてきました。
主に信頼して、よろめいたことはありません。（詩編二六・一）

この最後のテキストは、神の裁きのモチーフの言及もあって、神の前での自己正当化の典型的な例となっている。著者は、何が正しいかを自分が知っていること、そしてその判断基準に照らして自分が正しいことに、完璧な自信をもっている。だから自信をもって神の裁きを望むことができるのである。裁きを行うのは確かに神だとされている。しかしその神も、著者がすでに知っている判断基準に従って裁くことについて著者は確信をもっている。神は著者が知っている判断基準に従うべきものとされており、著者の知恵に神が従属しているのである。

この「神の前での自己正当化」において人は、神を神とするのではなく、自分の知っているところの判断基準を神として、その判断基準に神を従わせようとしている。つまりこの態度は、神が何を正しいかを決めることを拒絶する態度である。そして神は、実は自分自身である。知恵によって人が「神のように」なっているのである。したがってこの態度においては、神の前での義の可能性は完全に失われてしまうことになる。神との断絶が決定的になってしまう。

「神の前での自己正当化」への批判

こうしたあり方についての批判は、聖書の中の知恵文学において、さまざまな形で示されている。

たとえば「ヨブ記」。ヨブ記の物語は、そのままで現代の対話劇にできるような、ドラマチックな内容になっている。不幸に陥っているヨブという主人公のところに、三人の友人がやってくる。この友人たちはヨブを説得しようとして、代わる代わる議論を繰り広げる。

彼らの議論は多様だが、つまるところ彼らは、義と罪に関する何らかの判断基準を提示して、それに従ってヨブも自分の不幸について判断するようヨブに勧めている。ヨブはこれらの議論をすべて拒否する。ヨブは自分の苦しみが苦しいと言うばかりである。そして最後に神の顕現があって、ヨブは神の前で平伏する。

また「コヘレトの言葉」(伝道の書)も、「神の前での自己正当化」の批判の書である。著者は有名な「空の空」という言葉で述懐をはじめ、すべてが「空しい」と言う。つまり知恵による判断の結果として「良い」「正しい」とされたことが、すべて空しいのである。

知恵も知識も狂気であり愚かであるにすぎない。(一・一七)

正義を行う人も悪人も神は裁く。(三・一七)

この二番目のテキストを、九十八ページで引用した詩編二六・一のテキストである「主よ、あなたの裁きを望みます。わたしは完全な道を歩いてきました」と比べられたい。自分で自分を正しいとし、神もその判断基準で「裁き」を行うと公言してはばからない立場に対して、「コヘレトの言葉」の著者は、神の裁きはそのような基準に従ったものではないと確認している。

聖書では、この世は創造神としての神による被造物であって、それは讃美されるものとする立場が主流である。これに対して「コヘレトの言葉」はすべてが空しいと繰り返すばかりである。このために多くの解釈者が困惑したままである。しかし「コヘレトの言葉」の背後には、「神の前での自己正当化」の批判の問題があり、人間の判断では何も「良い」「正しい」とすることができないという立場が貫かれているのである。このように考えるならば、被造世界を安易に讃美するのも、つまるところ人間の判断によるものなのだから、これにも問題があるということになる。「コヘレトの言葉」は、聖書の中でたいへんに重要な役割を果たしている。

また多くの人が一応のところ読んだことがあるだろうと思われる聖書のテキストの中で、「創世記」二―三章のいわゆる「エデンの園」の物語は、知恵批判の典型的なテキストの一つである。最初の人間とされる者が「知恵の木の実」を食べて、結局のところエデンの園から追放される。その追放の理由として特に問題となっているのは、神の禁止に従わなかったことよりも、知恵ゆえに人が「神のように」なったことである(創世記三・二二)。

詩編の中にも、自分の知恵の空しさを述べるしかないことを告白したものがある。詩編七三である。

わたしは愚かで知識がなく、あなた（＝神）に対して獣のようにふるまっていた。（二二節）

神に対して「獣のようにふるま」うことの最たるものは、「神の前での自己正当化」である。

自己正当化を避けるための神殿建設

知恵による人の「神の前での自己正当化」の問題は、聖書の成立の時期においてたいへん大きな問題だった。そしてこのことが、第二神殿の再建とその維持、聖書の成立とその維持の最大の理由だったと思われる。知恵によって人が勝手に見つける判断基準ではなく、「神殿」と「律法」がユダヤ教において、公式に「正しい」とされたのである。ただしこの「正しさ」は、いわば次善の策の「正しさ」である。

すでに述べたように、神殿は神の前での儀式を行う機関である。その活動の中心は犠牲祭である。犠牲の煙が毎日天に昇らねばならない。その他にもさまざまな重要な儀式が行われている。

　罪の問題がまだ生じていない状況においては、神と民の繋がりは実質的に存在しているとされている。神殿での儀式は、いわばこの関係を確認するものである。神殿での儀式は、なければならないものではないかもしれないが、それを行うことに基本的には支障はない。さまざまな効用もある。ただしさまざまな問題も生み出すことになったが、神殿の活動をあえて停止する程の問題にはならなかったと考えるべきだろう。

　しかし罪の問題が存在する状況において、あえて神殿の儀式を行うことの意味は右と同じではない。罪の問題がある場合には、神殿の儀式は、体裁としては、神と民の繋がりを確保するために行わねばならない活動になってしまう。罪の問題があるということは、神と民が断絶しているということである。そして神殿での儀式が神と民の繋がりを具体化したものならば、これはかけがえのないものになってしまう。すでに確固として存在する神と民の繋がりを確認するといった程度のことではなく、神と民の繋がりが存在しないので神殿での儀式は何としても行わねばならないものになってしまう。

　厳密に考えるならば、そのような状態で儀式を行っても、それに有効性があるのかと疑うことも可能である。神殿があっても、それとは別の義の可能性を模索する者が多くいた。また第二神殿が存在する中で神殿の価値を認めない流れがあったことは、神殿の儀式に信頼をおくことができなかったことを物語っている。

しかし神殿の儀式に信頼をおこうとしたとしても、儀式には大きな問題がある。儀式は繰り返し行われねばならない。このことは一度犠牲をささげても、それでは不十分であることを刻々と証明していることになってしまう。昨日犠牲をささげても、今日もまた犠牲をささげる。そして明日も犠牲をささげる。つまり一度の犠牲では不十分なのである。昨日や今日の犠牲は不十分であり、だから明日も犠牲をささげる。しかしこの明日の犠牲もまた不十分である。

したがって繰り返される儀式は、いつまでたっても不十分である。儀式を行うことは神と民の繋がりを実現しているかのようだが、実際に行ってみるとそれはいつまでたっても不十分であり、したがって神と民の繋がりもいつまでたっても不十分である。しかし儀式は公式に「正しい」とされている。神へのささげ物をいったん再開してしまうと、人の側の勝手な都合で中断することはできない。しかし儀式をいくら繰り返しても、完璧な正しさには到達しないのである。儀式の「正しさ」とは、このようなものである。無限に正しさを実現しているようだが、完璧な正しさには決して到達しないのである。

神殿を再建し、神殿での儀式を再開するということは、こうした意味をもつ活動を「正しい」ものとして制度化し、客観的に権威あるものとするということを意味している。

このことは、たいへん危険なことである。神の前での正しさには決して到達することのない活動と制度を「正しい」としてしまうことである。

しかし知恵による主観的な自己正当化は、神との断絶を決定的にしてしまう。これに比べて、神殿の儀式は、その儀式自体が不十分な正しさのものでしかないことを刻々と証明している。神との断絶が決定的になることを刻々と回避する活動であるとも言うことができる。

そして知恵による主観的な自己正当化ではなく、このような神殿の儀式を「正しい」とすることは、人々を神からの決定的な断絶から無限に回避させる機能をもつことになる。

神殿の儀式は、厳密な意味では実は完璧に「正しい」のではない。しかし知恵による主観的な自己正当化は決定的な誤りである。何が正しいか分からないということは、明らかな過ちが過ちであることを指摘できないことを意味するのではない。

自己正当化を永遠に回避させる律法

律法にも同様の機能があり、これが律法主義の基本的な枠組みになっていると考えられる。

ユダヤ教の聖書の第一部である律法が、単なる神の権威を超えて「一字一句も変更できない」とされる程の権威を獲得したのは、背後にペルシアの強大な支配があったからであることは、すでに述べた。しかし律法は、ペルシア帝国が滅んでも絶対的権威を失わない。

律法はユダヤ教において公式に「正しい」とされている掟である。掟であれば、これを守らねばならない。そしてこれを守れば、その者は神の前で「正しい」ということになる。律法の掟は何としても守らねばならないということになる。

ところで、掟を守るためには、掟において何が定められているかを知らねばならない。律法は文書集であって、書かれたテキストである。したがって何が定められているかを知るためには、このテキストを読んで理解しなければならない。

ここまでは常識的なことだろう。ところが律法のテキストを読んで理解しようとすると、この作業が巨大な障害となって立ちはだかってくる。簡単に言うと、テキストを読むと、そこに何が定められているかが理解できないのである。

確かに個々のテキストを断片的に取り上げるならば、それらのうちには比較的容易に理解できそうなものもある。しかし何を意味しているか決め難いような箇所も多い。また似たようなテーマについて、微妙に異なった立場が記されているような場合が少なくない。矛盾しているとしか言いようのないようなところもある。いろいろな意味に解釈できそうで、どの解釈が適切なのか決めかねるような場合もある。しかも掟ということになっているが、律法はなすべきことを箇条書きにしたようなものではなく、全体としては物語になっている。物語が掟であって、それを守らねばならないというのは、すでに十分に戸惑わされる事態である。等々。律法は複雑きわまりないテキストであって、容易に理解できないのである。

律法に何が定められているかがはっきりしないということを証拠づける最大の事実は、二千年以上におよぶユダヤ教・キリスト教における聖書研究において議論が絶えないということである。議論が終わらないということは、結論が確定していないということであって、つまりテキストの意味がはっきりしていないということである。

律法の掟は「正しい」ものとして存在している。ところがその掟において何が定められているのか、はっきりしないのである。何が定められているのかはっきりしないのでは、掟を守りようがない。律法に定められているのではないかと思われることに、だいたいのところ見合った態度を取る程度のことができるだけである。しかしそれでは完璧に「正しい」ということにはならない。律法は、社会の規範や法律として機能を果たすことが主眼ではない。つまり、これに従おうとすることによってある程度以上の秩序ある社会生活がだいたいのところ実現すればよいといったことが目的となっているのではない。このような機能を律法が果たしていることは確かだが、これは本来の目的からはあくまで二義的なことである。律法は、神の前での「正しいあり方」を定めたものである。この本来の目的のためには、完璧に律法が守られねばならない。

そこで律法を研究することになる。学者たちによる二千年以上の研究でも結論が出ない研究を完成させることは、一人一人がいくら努力しても不可能である。時間がたって、寿命が尽きる。

つまり律法は「正しい」のだが、その権威を認めて律法を守ろうとすると、完璧な正しさには到達できないのである。

神殿の儀式の場合と同じように、律法を「正しい」とすることは、勝手な自己正当化には価値がないと認めることを意味する。正しくなりたいのなら、神殿の儀式を繰り返し行うのと同じように、律法を守らねばならない。しかし律法の権威を認めると、神殿の権威を認めた場合と同じように、完璧な正しさには絶対に到達しないのである。

したがって律法も、人々が神の前の自己正当化という決定的な過ちに陥ることを無限に回避させる機能をもつものだということになる。そして律法によっては完璧な「正しさ」には到達できないことを考えるならば、律法が権威あるものとして維持されている第一の意義は、実は神の前での「正しさ」の実現ではなく、神の前での自己正当化の回避であると考えざるを得ないことになる。

しかも律法が無限に複雑で、理解し難いものとなっているのは、致し方がなくこのようになったのではなく、故意にそのようなものとして作られていると考えられるところがある。また律法が権威あるものであることを徹底させるための工夫が、いろいろと認められる。こうしたことは、律法の最大の目的が神の前での自己正当化の回避にあることの証左になっていると思われる。

あえて理解困難なものがさらに複雑になる

ここで律法の中に見られる神の前での自己正当化回避の工夫をあげてみたい。

第一。律法はエズラの時以来、後一世紀末に三十九の文書が聖書を構成すると決定されるまで、だんだんと大部のものになっていった。実は、後一世紀末の決定で律法の全体が本当に確定したのではなく、口伝の律法はさらに増大し、それが「ミシュナ」「タルムード」へと繋がっていくが、ここでは後一世紀末の聖書の文書の決定を一つの区切りとして考えることにする。

エズラの時に成立した律法（モーセ五書）は、「一字一句も変更できない」ほどの絶対的権威をもつものである。ところがこれほど変更不可能であるように思われる正典に、後から少しずつ新しい文書が付け加わる。これは素直に考えるならば、おかしな話である。新たなテキストを掟として付け加えることも、掟全体としては変更が加わることではないだろうか。ところがこのことは不問に付されてしまう。

こう考えると、律法の権威について「一字一句も変更できない」とされているのは、たいへん巧妙な言い方であることに気づかされる。これは全体として変更できないという意味ではなく、すでに律法として定められた分のテキストは変更できないという意味である。だからこそ他の文書が成立して律法の一部として付け加えられるということが可能になる。そしてモーセ五書だけでもすでに十分に複雑なものが、さらに複雑になる。しかし一般のユダヤ人にとっては、律法はいつでも「一字一句も変更できない」ものであって、動かし難い客観性をもつ権威である。そしてその権威ある掟が、ますます複雑になって、ますます理解し難いものになる。

第二。律法はその大部分がヘブライ語で書かれている。前四世紀後半から始まるギリシア期以降にはギリシア語の文書もいくらか書かれて律法に加えられるような動きも生じた。また「七十人訳聖書」（セプトゥアギンタ）と呼ばれるギリシア語訳聖書が、エジプトのアレキサンドリアで作られて、ギリシア語圏でかなりの権威をもったこともある。しかし後一世紀末の決定では、ヘブライ語で書かれたとされる三十九の文書だけが正典となった。

ヘブライ語は、前五―四世紀のエズラの時代においてすでに、一般のユダヤ人には理解できない言語だった。ネヘミヤ記八章に、エズラの律法の宣布式というべき集会だと考えられている場面が記されている。ここでは半日かけて「律法の書」が人々の前で朗読される。ところが八節には次のように記されている。

彼ら(=レビ人たち)は神の律法の書を翻訳し、意味を明らかにしながら読み上げたので、人々はその朗読を理解した。

一般のユダヤ人は、ヘブライ語を翻訳してもらう必要があったのである。ここでは、アッシリア帝国の支配以来広く用いられるようになっていたアラム語に翻訳がなされたことになっていると思われる。

律法全体を研究して、そこに何が記されているのかを厳密に理解することは難しいと述べた。しかし律法は、一般ユダヤ人が理解できない言語で記されているのである。たとえヘブライ語を理解できても、律法は難しい書物である。一つの言語を習得することがどれほど困難なことであるかは、説明する必要はないだろう。まずヘブライ語を習得してからでないと律法の研究が始められないということになると、一般の人々にとって律法はもはや本格的な検討を自分ですることができないものになってしまう。

一言付け加えておくと、ネヘミヤ記八章の叙述では、「律法の書」の朗読と翻訳が終わったあと、指導者たちが民に対して繰り返し「嘆いたり、泣いたりしてはならない」「悲しんではならない」と述べている(九、一〇、一一節)。なぜ民が悲しもうとするのかの解釈は容易ではない。これまでの検討の文脈では、このような律法では神の前での義を実現できないことが確定してしまうことを民が早くも気づいたからだ、そしてこのようなものが権威あるものとして制定されてしまうことになったからだ、このように考えたくなる。


第三。律法は全体としては、過去における神とイスラエル民族の関係についての物語、言い換えるならば過去におけるイスラエル民族に対する神の介入についての物語という体裁になっている。

バビロン捕囚の時に、思い出が神と民の関係を維持する上で重要なものとなったと指摘した。そして過去の出来事はすでに生じた出来事なので、すでに確定したものと考えられ易いということも指摘した。過去の出来事はもはや変更できない。近代ならば歴史学の研究を推し進めて、過去についての通説をひっくり返すということも可能である。

しかし古代においては制度的に「正しい」とされた過去の「事実」を疑うことは困難で

ある。律法の内容を過去の物語にすることは、律法を権威あるものとして受け入れさせる上でたいへん有効な手段だということになる。

しかもこうしたことは、かなり意図的になされていると言える証拠がある。そのうちでもっとも顕著なものは「申命記法」の位置づけである。

すでに見たように、モーセ五書の第五番目の文書である申命記におさめられている掟集は、ヨシア王の時に作成された掟集をほぼそのまま記したものと考えられている。ヨシア王は、前七世紀後半の王である。しかし申命記における設定では、この掟集はモーセが民に述べた形になっている。モーセの時代は、前十三世紀である。モーセ五書ができたのは前五―四世紀である。

つまり前五―四世紀に作成された書物の中に、前七世紀後半に成立したテキストがおさめられているのだが、そのテキストは前十三世紀に成立したという体裁にされているのである。

過去が現在と未来を規定する態度についての問題をすでに検討したが、このような態度があることを利用して、近い時代に作られたものを遠い過去のものとして権威づけを行っているのである。律法には、過去のものに権威があるとされている状況を利用して、現在の立場を過去のものとして記している側面がある。

このような問題は律法に限らず、過去の歴史が問題になる場合には必ずついて回ると言ってよいだろう。過去の歴史として強調される「事実」は、現在にとって何らかの意味で都合がよいから強調されるのではないかという問題である。過去の事実でないことを「事実」だとするような極端な場合だけでなく、無数にある過去の事実から特定のものだけが選ばれて強調されるような場合にもこの問題は存在する。近代風に言うならば、科学的な歴史研究と実際的な歴史叙述の相克の問題である。

第四。律法が故意に理解困難なものとされていると思われるもう一つの点は、律法の内部の叙述に相容れないものがあるという点である。「聖書の矛盾」といったことは、西洋において特に十八世紀後半にさかんに指摘された。聖書にさまざまな矛盾があることは確かである。まず顕著な例を見てみよう。

創世記一章には、一週間で神が天地を創造する物語が記されている。聖書にはこの他にもいくつもの創造物語が記されている。もう一つの創造物語としてすぐに目に止まるのは、創世記一章の物語のすぐあとにある創世記二―三章のいわゆるエデンの園の物語の冒頭の部分である。この部分も小さな創造物語になっている。

ここでは創造の順番、特に植物と人の創造の順番に着目する。一章の物語では、周知のように人が最後に創造される。その他のものはそれ以前に創造されたことになっていて、植物は「三日目」に創造されている（一・一一―一三）。つまり植物が先で、人は後である。

エデンの園の物語の冒頭では、二・四―五にまず「主なる神が地と天を造った時、地上にはまだ野の木も、野の草も生えていなかった」と記されている。この後に人が造られる。このことは二・七に記されている。そしてその後の二・九に次のように記されている。

主なる神は、見るからに好ましく、食べるに良いものをもたらすあらゆる木を地に生えいでさせ、また園の中央には、命の木と善悪の知識の木を生えいでさせた。

つまりこの創造物語では、創造の順番が、人が先、植物が後である。

これは微妙な違いではなく、明らかな矛盾である。このように異なった立場のテキストが並ぶことになったのは、このテキストを作成した際に用いた資料の性格が異なっていたからだとされている。一章の創造物語は「祭司資料」、二―三章のエデンの園の物語は「ヤーヴェ資料」と呼ばれている資料からそれぞれ採用されたと考えられている。しかしこうした指摘は、創世記という文書の立場の一貫性についての問題を最終的に解決するものではない。

最終的なテキストの編纂者が、このような「矛盾」に気づかなかったと想定することはできないだろう。ここで問題となっているのは、微妙な違いではなく、また離れたところに記されているテキストの間の問題であるために見落とす可能性が大きい相違ではない。隣り合ったテキストが問題となっており、しかも人が先か植物が先かという単純な問題である。つまり律法の編纂者は、こうした「矛盾」に気がついていて、それでもあえてこのような状態のままの文章を記したと考えるべきである。そしてこうした「矛盾」は、聖書全体では大小さまざまなものがまだまだ存在している。つまり律法は「矛盾」を含んだものとして作られているのである。

「矛盾」があるから聖書には価値がない、というのが十八世紀後半の単純な啓蒙主義者たちの議論だったと思われる。こうした議論は当時、社会的にそれなりの影響力をもったかもしれないが、律法そのものの性質を考えるならば、そのような議論を簡単に受け入れて済ませることはできない。律法は「正しい」とされているものだからである。

律法を真剣に理解しようとすれば、このような「矛盾」に気がつかざるを得ない。多くの者は律法の「正しさ」は律法全体の一貫性と重なり合うと考えて、その考えから抜けられないので、さまざまな「調和的解釈」が展開することになる。ある程度の妥当な体裁をもつ調和的解釈が見つかることもある。しかしとても調和できないような矛盾もある。こうして律法全体の「理解」が無限に不可能になる。

ただし律法の「矛盾」の問題には、積極的に評価できるところもある。律法の内部にさまざまな相容れないような立場が記されていることについては、そのどれが正しいかを見出すことや、また奇妙な「調和的解釈」でこれを誤魔化すことは適切な解決策ではないだろう。まずは、それらのさまざまな相容れないような立場のどれも、それぞれに認識しているというのが律法の立場だと考えるべきである。そのことは律法の中の一部のテキストが支持しているように見える立場は、律法全体としては必ずしも支持されないことを意味している。ある立場があると認識されているということは、その立場が支持されているということを必ずしも意味しない。この意味でも律法は、一定の立場で自己正当化しようとする試みを排除していることになる。ここにも律法における「神の前での自己正当化」の回避の機能を認めるべきだろう。

全体が正しいとされている律法

さまざまな人間的立場を認める律法のあり方に気づくことは、それよりも広い神の立場のあり方に気づくことに繋がる。神の立場そのものを正確かつ全体的に知ることはできない。しかし神の前での単純な自己正当化が実は正当でないことを気づかせてくれることも確かである。律法を超えることも律法の内容になっていると言うべきかもしれない。

ここで一言付け加えておく必要がある。律法の中には、律法が排除しようとしている「神の前での正当化」の立場が支持されているかのようなテキストも含まれている。たとえば九十八ページで引用した詩編一一一、詩編二六のような場合である。律法の一部に記されているからといって、そこで表明されている立場が律法全体によって支持されているということには必ずしもならないということはそこで確認した。

ここで律法全体が一つの物語のようになっていることに注目するのは、有効だと思われる。ヨブ記における三人の友人の立場のように、物語ならば不適切な立場がテキストの中に記されることもあり得る。

テキストの一部分を全体から切り離して理解しようとすると、不必要な誤りに陥ってしまう可能性が大きくなる。一般的な法律のような箇条書きの掟ならば、その掟の一つは、文字通り従うべきものとしても、大きな誤りではないかもしれない。しかし物語形式になっているテキストが掟とされている場合には、一部分だけを取り出してきてそれを「正しい」としてしまうのは危険である。律法のテキストには、サタンの言葉も含まれている。またイエスの「誘惑物語」では、サタンでさえ律法からの引用でイエスを服従させようとしている。

律法はその全体が「正しい」とされているのである。その任意の一部分がどれも「正しい」のではない。律法が掟でありながら、掟集ないし命令集ではなく、物語になっていることの意義は重要である。

さらに一言、付け加えておく。

律法は権威あるものであり、全体的な理解ができないものである。こうした律法は、神の前での自己正当化を無限に回避させる機能をもっている。しかし律法が「正しい」ことを認めて、そして自分が「正しい」とどうしても自分で確信をもちたいとする者が生じてくる。ここに律法を巡る原理主義と呼ぶべきあり方が生じてくる。つまり律法の正しいあり方を自分は知っているとする立場である。これはキリスト教における聖書原理主義においても同様である。聖書を手にし、ときどき聖書からの引用を行い、そして神の名を口にすれば、自分の立場が正しいとするような態度である。

第4章——神殿主義と律法主義

ディアスポラの拡大

神殿と律法がユダヤ教において「正しい」とされ、絶対的権威をもった状態を図示したのが8図である。

神と民の関係には断絶がある。ユダヤ人にとっての権威は、神殿と律法である。神殿と律法は「正しい」とされているが、これに権威を認めると、神の前での本当の正しさには到達できない。しかしユダヤ人はこれらの権威を認めるしかない。第1章で述べたように、神についての普遍主義的な考え方も生じてくる。

本章では、ディアスポラの拡大とその背景、黙示思想の展開、イエスと初期キリスト教の時代のユダヤ教の状況（サドカイ派・ファリサイ派・エッセネ派）、ユダヤ戦争後のユダヤ教の状況について検討する。

ペルシア期以後のユダヤ教の展開にとって、ディアスポラが拡大したことは重要である。ディアスポラのユダヤ人とは、パレスチナ以外のところに住むユダヤ人のことである。バビロニア滅亡後のペルシア期においてパレスチナとバビロンにユダヤ人共同体が生じたことは、すでに見た通りである。ペルシアは支配下の諸民族にかなりの自治を許す政策を行ったが、このことは諸民族がまじり合うことはあまり促進されなかったことを意味する。

「分割して統治する」という政策だったということになる。だからといって、ペルシア期にディアスポラが地理的にまったく拡大しなかったと言い切れるのではない。ペルシア期についてはは資料が少ないので、くわしいことはなかなか分からないようである。いずれにしてもディアスポラが本格的に拡大するのは、前四世紀後半にアレキサンダー大王の征服事業が行われて、それ以後にヘレニスムの帝国が支配するようになってからである。

大きな帝国が支配を確立して長く存続するということは、広い範囲に平和が実現されるということを意味する。「帝国」というと、それだけで何かしら悪いものであるかのように受け取る人も一部にはあるようだが、帝国支配によって実現する平和をどのように評価するかは、簡単な問題ではない。

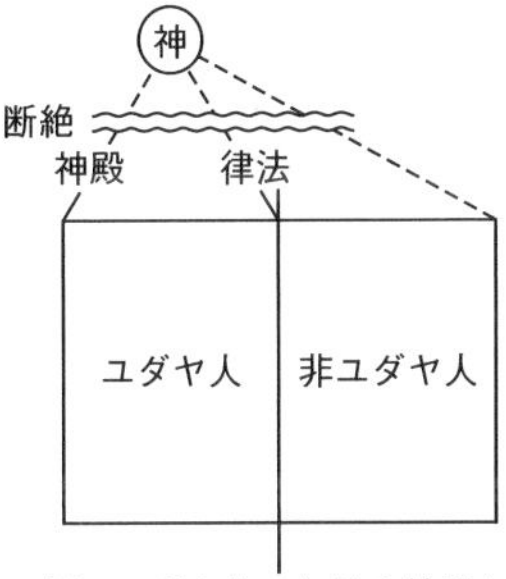

8図　ユダヤ教における神殿と律法の絶対的権威の成立

帝国がない状態は、諸民族・諸部族その他の集団の割拠の状況である。周囲の他集団は、基本的には敵である。いつ攻撃してくるか分からない。こちらでは町の周りに高い壁を巡らし、集団の団結を固め、軍を増強し、等々、常に戦々恐々とした日々を送ることになる。実際に戦争になることも珍しくなく、敗北すれば集団が滅亡することになる。

しかし帝国が成立して強い勢力が広い範囲を支配してい

ると、その版図《はんと》内での内輪争いのような戦争はできなくなる。戦いをおこしても、どちらが勝つかということは問題ではなくなり、両者が帝国の強大な力によって処罰されるだけである。集団の存続を図るならば、平和を尊重せざるを得なくなる。こうして平和が支配することになる。ところがこうした平和を尊重すれば集団の存続が確保されるかというと、必ずしもそうではない。平和が広い範囲で長く続けば、一ヵ所で集団の団結を保っていくことの意義が薄らいでくる。人や文化の混合が進んでくる。個々人は生き延びるが、集団としてのまとまりは意味がなくなってくる。ところがユダヤ人は、長い帝国支配の下にあっても、集団としてのまとまりを維持した。

コスモポリタニズムと民族の消滅

サマリア人や他の民族との確執があったとはいえ、それ以外のパレスチナの地は基本的にはユダヤ人の土地なので、ここではユダヤ人が多数派である。しかしディアスポラのそれぞれの土地ではユダヤ人が少数派であり外国人だった。東方はシリア・メソポタミア・ペルシア、南方はエジプト、西方は小アジア・ギリシア、そしてローマの支配の時代に入るとローマにまでディアスポラが拡大した。

外国人が田舎に定着するのは難しいので、彼らは都市に住むことになる場合が多い。しかも特定の民族的伝統のある古くからの町よりも、特定の民族的伝統に支配されない新しい都市に多くの者が集まる。このことはディアスポラのユダヤ人に限らず、他の民族出身でそれぞれの故郷以外の土地で生活しようとする者にとっても同じである。エジプトのアレキサンドリア、シリアのアンティオキアなどは、そうした大都市の代表的存在である。

そして大きな帝国支配の下のこうした大都市には、特別な現象が生じてくる。そこにはさまざまな民族出身の者が集まってくる。言語も文化も宗教も、互いに異なった者たちが共に生活することになる。現代風にいうならばたいへんに「国際的」な雰囲気になる。しかしこうした国際的な雰囲気の中でまず問題となるのは、国際交流といったことではない。つまり互いに理解し合うなどということがまず重要な課題になるのではない。

たとえば言語の状況に注目することにしよう。さまざまな言語を母国語とする者たちが集まってきている。相手を「理解」するためには、相手の言語を理解しなければならないとして、いったい何ヵ国語を習得すればよいのだろうか。外国語の習得には量的に自ずと限界がある。実際には、日常的な生活のために最低限必要なことをこなすために、共通語の片言をどうにか身につけるといった程度で終わってしまうことが多い。それ以上の言語の習得は各人の能力の限界にかかわる問題であって、多くの場合にはたいしたことは望めないといった状態だったと思われる。

したがってこうした状況では、「互いによく理解し合うこと」よりも「互いに理解できなくても、共に生活すること」が重要になる。「交流」よりも「共存」が重要になる。あまりにも多様な人々がまじり合って共に暮らす場合には、相手との違いを「理解する」ことではなく、相手との違いを「気にしないで」暮らしていくしかない。このことは、それぞれに違いがあって理解を超えるようなところがあっても「それはそれでいいではないか」として、「気にしないで」生活することを意味する。

多様な人々の間にまじって、そして他人のあり方は「それはそれでいいではないか」として、自分は自分なりに生きていくこうしたあり方は、大きな帝国の大都市に生じてくる特殊なあり方である。これが「コスモポリタニスム」である。

日本社会は皆が同質でなければならないとする傾向が強く、全体的な合意の形成を皆で模索し、互いに皆が同じようになるように直接間接に干渉し合う力が強く作用している社会である。こうした社会のあり方にも、それなりの意義があると思われる。しかしこうした社会にいると、コスモポリタン的なあり方がなかなか理解できないことが少なくないように思われる。

コスモポリタン的な生活は、さまざまな傾向が入りまじる中で自分は自分で堂々と生きていくあり方なので、どこか華々しくてカッコよいと思われるかもしれない。そういう面も確かにあるが、華々しさの陰には問題もある。自分が相手を理解しないということは、自分も誰からも理解されないということである。大帝国の大都市の中で孤独に生きていくのが、コスモポリタン的なあり方である。

こうした大都市に暮らす人々のあり方は、さらに展開することになる。時間が経過するにしたがって、文化の坩堝《るつぼ》状態が、さまざまな集団や個人の相互の違いによるものであったのが、個人の内部に入り込んでくるのである。つまり最初のうちは、いろいろな部族や民族の出身者がまじって暮らすのだが、時間がたつとだんだんと自分が何人出身なのかがよく分からないような者が増えてくる。結婚などによる血のまじり合いによって人種的な純粋性が失われてくるという問題ばかりでなく、文化的にもかつての出身民族のものを純粋に維持することがだんだんと難しくなる。言語的には共通語しか知らず、文化的にも宗教的にも共通のものをぼんやりと他の者たちと共有する以外には、どの特定の伝統に属するわけでもないといった者があふれてくる。「あなたは何人か」と訊かれても、「わたしは帝国の住人だ」という以外には答えようのない人々である。これがコスモポリタニスムの展開した形である。そしてこうした状態が、大都市以外の地域にも次第に広まってくる。

このような段階にいたると、多くの民族が消滅する。戦争で皆殺しにされたのではなく、広大な帝国支配が続く中で、血がまじり合い、文化がまじり合って、民族としての意味あるまとまりが消えてしまうのである。

ユダヤ人の団結とシナゴーグ

こうした中でユダヤ人は、地理的にはディアスポラが広く拡大し、また何世代にもわたる時間が経過しても、民族としてのまとまりを維持した。これは、キリスト教が成立した後一世紀までの時代においてばかりでなく、後一世紀後半にユダヤ戦争に敗北して、すべてのユダヤ人がディアスポラの状態になった後の二千年近くの期間にもあてはまることである。

文化的な面では、ユダヤ人たちの統一性は必ずしも強く保持されていなかった。自分の住んでいる地方の言語しか知らず、他の地方に住むユダヤ人と使用言語が異なるというようなことは珍しいことではなかった。血統も、かつてのユダヤ人の子孫が基本的には主流だと述べてよいと思われるが、必ずしも民族の血が純粋に守られているわけではなかった。

ユダヤ人の団結の基礎となっているのはユダヤ教であり、もっと具体的にはシナゴーグである。そしてシナゴーグの活動の中心にあるのが、律法である。

「シナゴーグ」はギリシア語起源の表現である。「共に行くところ」つまり「皆で集まるところ」という意味であって、つまり「集会所」のことである。しかし一般的な集会所ではなく、ユダヤ教の集会所について特に用いられる用語となっている。日本語の聖書では「会堂」と訳されていることが多いようである。

シナゴーグは、ユダヤ教の教会である。というよりキリスト教の教会は、ユダヤ教のシナゴーグを真似て生じた制度・組織・活動機関である。つまりキリスト教の教会の起源は、ユダヤ教のシナゴーグである。

シナゴーグは基本的にはディアスポラのユダヤ人共同体のあるところにできるようになる。またパレスチナにも、そしてエルサレムにさえもシナゴーグが生じてくる。そこに少なくとも週一回ユダヤ人たちが集まって、聖書が朗読される。先生（「ラビ」と呼ばれる）がいてその聖書箇所を翻訳し、またその聖書箇所の解説やそれに類した話を行う。神を讃美する歌をうたったり、祈りをささげたりする。シナゴーグ活動を支える等のための献金を行う。共に食事をする。この食事は、ユダヤ人たちの親睦の機会にもなっていた。また貧しい者は無料で食事ができたりしたので小さな福祉活動にもなっていた。

さらにシナゴーグを中心にしてユダヤ人たちの集団としての団結が強まり、苦境に陥った者を皆で助けたり、また葬式を行ったりして、社会生活の相互援助の要ともなっていた。集会がない日には、先生が子供たちを集めて教育を行い、特に律法を教えた。

シナゴーグを中心としたさまざまな面にわたるこうした共同体活動はユダヤ人のいる各

地で行われ、その中心には基本的に同じ聖書ないし律法があったのである。言語をはじめとする文化的な面に違いがあっても、また人種的に必ずしも一致しないところが生じても、律法についてのそれなりの知識と、それに従った生活のあり方が、どこに住んでいるユダヤ人でも基本的には同じものだった。聖書ないし律法の同一性が、拡散したユダヤ人集団の全体としての団結維持の基盤となっていたのである。聖書ないし律法を基礎にしたシナゴーグの活動なしには、ユダヤ人がユダヤ人として長くアイデンティティーを保つことは不可能だったと言わねばならない。

シナゴーグにやってくる非ユダヤ人

民衆の福祉や教育などはあまり整っていなかった古代において、ユダヤ人たちのこうした活動は傑出したものだった。そしてこうした活動は、多くの非ユダヤ人にとって魅力あるものだった。

シナゴーグの集会には非ユダヤ人も参加することができた。彼らはいわば見学者のような位置づけだった。そしてその中には、ヤーヴェ崇拝のユダヤ教のあり方に賛同して、頻繁にシナゴーグに通ってくるような者も出てくる。非ユダヤ人でも一定の儀式を経て、ユダヤ教徒になり、ユダヤ人となることが可能だった。ユダヤ教のあり方に賛同しているが、ユいろいろな理由でユダヤ教徒になっていない者を「神を畏《おそ》れる者」という。また非ユダヤ人出身でユダヤ人になった者を「プロゼリット（改宗者）」という。

この非ユダヤ人出身のユダヤ人はかなりの人数になっていたと考えられている。古代の人口について確かなことを知るのは難しいが、後一世紀前半のイエスの時代について、ユダヤ人はローマ帝国の人口全体の一割ほどだったとしている学者もいる。この数字がどれほど正確なものかはともかくとしても、ユダヤ人は少数派だが、人数の上でかなり有力な少数派だったことは確かである。そしてユダヤ人のこのような数は、ペルシア期にパレスチナとバビロンだけに住んでいたユダヤ人たちの子孫が増えただけの結果だとは、到底考えられないという。

律法の教えをサポートするシナゴーグ

シナゴーグは神殿ではない。神殿は、エルサレムにある神殿一つだけである。神殿の活動の中心は犠牲祭であり、シナゴーグでは犠牲祭は行わない。当時のユダヤ教において具体的に権威があったのは神殿と律法である。しかし神殿はエルサレムに一つしかないので、ディアスポラのユダヤ人は、なかなか神殿に親しむことができない。神殿がシナゴーグで話題になることはあっただろう。また「十分の一税」と呼ばれる「神殿税」の制度があって、ディアスポラのユダヤ人たちもこの税をエルサレムの神殿に送っていた。しかし彼らが神殿について実感をもつことは容易ではなかった。

したがってディアスポラのユダヤ人にとってのユダヤ教とは、実質的には律法を中心としたシナゴーグでのユダヤ教だった。こうしてユダヤ教において、律法が果たす役割が圧倒的に大きなものになる。またパレスチナにもシナゴーグができるようになったことが示すように、この状況はパレスチナにも広がってくる。多くのユダヤ人にとって、ユダヤ教は律法に基礎をおいたものであり、ユダヤ教において律法主義的なあり方が圧倒的に重要なものになってくる。

律法はユダヤ教の枠内で「正しい」とされている。そして律法全体に従った態度が神の前で「正しい」のだが、実際に厳密に律法を守ろうとするとあまりに複雑で、全体の内容を了解するだけでも困難だと前述した。多くの者が読み書きの能力さえないような状態では、律法の研究などといったことはほとんどの者には手が届かない。しかしこの複雑な律法と人々の積極的な関係、つまり律法は「正しい」とするあり方を維持したのもシナゴーグの活動である。

すでに述べたようにシナゴーグでは、律法の朗読と翻訳、そして取り上げられた箇所に即したものという体裁になっている解説等が人々の前で定期的かつ頻繁に行われていた。

こうした活動の内容の程度がどのようであれ、とにかくもこうした活動が行われていること自体が重要である。

律法はテキストであり言葉なので、理解されねばならないという体裁になっている。しかし膨大な律法から週一回、断片が取り上げられるだけでは、永遠に全体的な理解にはいたらない。全体にとにかく触れるといったことは可能かもしれない。しかし律法は、小学校の算数の教科書のように一度読んで解説を聞き、それを理解すれば、その理解自体は完璧であって、それを蓄積すれば全体の理解が出来上がるといったものではない。一つ一つの箇所について、学者の間でさえさまざまな議論があって、解釈が定まらないのである。

したがってシナゴーグでの集会における律法との接触は、律法の理解を深めるためのもののようだが、律法全体の完璧な理解を実現するという機能を果たしているとは、とても言うことはできない。だがここで重要なのは前述したように、シナゴーグの活動によって人々がある程度の理解を得るということである。

しかしそれ以上の律法の理解は、実はシナゴーグの活動の目的とはなっていない。シナゴーグの活動は、律法に権威があるということが確認される儀式のようなものになっている。つまり律法の理解をどこまでも深めるという機能よりも、律法が理解されねばならないこと、それから断片的な理解では律法全体の完璧な理解が不可能であることの確認の機能が果たされていたと考えるべきである。

こうした集会を繰り返すことによって生み出されるのは、律法を理解しなければならないという強迫観念のようなものに取りつかれ、そして自分の理解が完璧な状態には遥かに及んでいないということを毎回確認して劣等感と不安(救いへの不安)に取りつかれている人間ではないだろうか。自分自身や律法に対して誠実であろうとする人ほど、こうした状態に陥ることになる。

律法原理主義

ところがこうして律法の権威が圧倒的になってくると、「律法に基礎をおいた神の前での自己正当化」というべき態度が生じてくる。律法原理主義とでもいうべき態度である。

律法の全体を本当に完璧に理解することはできない。しかし律法は「正しい」。そこで律法について自分で理解した範囲で自分はすでに「正しい」とする態度である。聖書のテキストそのものや聖書にあるエピソードをあれこれと引用したりするから、こうした者の態度は聖書に従ったような体裁になる。

しかし実は聖書から自分に都合のよい部分だけを集めてきてそれに従ったことにしているに過ぎない。聖書はかなり複雑でいろいろなことが書かれている書物であり、さまざまな立場が含まれている。しかもさまざまな解釈の可能性があるので、たいていの立場はこうして正当化することができる。そしてこうした立場では聖書全体の理解ではなく「自己正当化」が目的なので、自分自身は「正しく」、そしてその立場は聖書、ひいては神に従ったものである、と熱心な主張が行われることになる。

聖書を彼ら以上に研究した専門家が、彼らの立場は不十分・不完全であると指摘すると彼らは怒り出す。「歯ぎしりをして」、「大声で叫びながら耳を手でふさぐ」。そして自分たちの立場をそのまま認めない者を「悪」だと決めつける。聖書があまりよく分かっていない者たちは、黙り込むしかない。人間が、律法に部分的にかかわることによって「神のように」なり、神に代わって人間が「善と悪」を裁いているのである。

このような態度の例も聖書の中に認められる。前章で言及したトビト記一・三、詩編一一・一、詩編二六・一の例は、むしろこちらの「律法に基礎をおいた神の前での自己正当化」の場合の例とするべきかもしれない。またもう一つ典型的な例となっていると思われるのは、第二マカバイ記七章の、七人の兄弟の殉教のエピソードにおける母親の態度および末の息子の態度である。

このエピソードは、前二世紀のセレウコス朝シリアのアンティオコス・エピファネス王によるユダヤ教弾圧の物語の一連のエピソードのうちの一つである。ここでは殉教という極端に厳しい状況を前にして、母親が自分の子に殉教を受け入れるように説得している。母親は創造神としての神の教義、特に「無からの創造」の教義を確認する。

> 神がこれらのもの（＝万物）をすでにあったものから造ったのではないこと、そして人間も例外でないことを忘れるな。（七・二八）

その上で彼女は息子に死を受け入れるように勧めて、さらに次のように確認する。

> そうすれば、憐れみによってわたしは、お前を兄たちと共に神から戻してもらえる。（七・二九）

「無からの創造」の教義がこのようにはっきりと表明されているのは、聖書の文書の中でこの第二マカバイ記七・二八が初めてだと言われている。この問題については残念ながらここでくわしく議論できない。いずれにしても聖書の一部分にどことなく依拠していると思われる教義の一つが宣言された上で、それが根拠とされて「神が母親の子供たちを母親に戻す」という母親にとって好都合な事態が実現することに彼女は確信を抱いている。「律法に基礎をおいた神の前での自己正当化」の一例となっている。

末の息子の言葉（七・三〇—三八）では、律法が明示的に言及されている。彼は律法に従う者である（三〇節）。そして「天の子」である（三四節）。自分は律法のために「肉体と命」をささげている（三七節）。律法への服従が死よりも強いものとなっており、「律法の支配」がいかに強いものとなっているかが窺われる。彼の立場が迫害者たちよりも優れたものとされていることは、この短い言葉において繰り返し確認されている。これも「律法に基礎をおいた神の前での自己正当化」の例だということができる。ただし彼の立場は、単純な自己正当化よりも深化したものとなっている。

彼は律法への服従の状態にあるが、それと同時に「罪」の状態にあることが確認されている（三二節）。いまは「戒めと教育」の時期として位置付けられている（三三節）。それは「契約の下」にある状況である（三六節）。「永遠の命」はまだ実現されていない目標とされているようである（三七節）。母親の場合と違って、罪の状態にあることを認めざるを得ないために単純に自己正当化できない苦渋がここに表明されているとすることができると思われる。

律法主義の反省から生まれた黙示思想

律法の権威が強くなる傍らで、律法主義への反省から新しい立場が生じてくる。その中

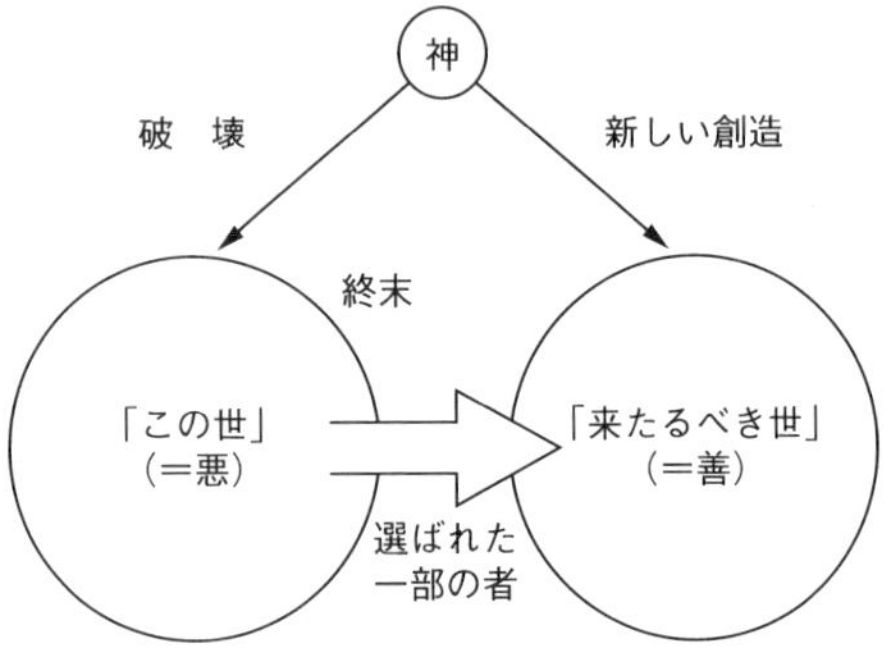

9図　黙示思想の基本的なあり方

でまず取り上げねばならないのは、黙示思想である。

まず黙示思想そのものの構造について確認する。黙示思想が表明されているのは「黙示文学」と呼ばれる諸文書ないしテキストである。これらの文書ないしテキストでは、その大部分において、謎めいた言葉やグロテスクなイメージで「終末」の様子が描かれている。このために黙示思想は荒唐無稽なものであるという印象を与えてしまう。

しかし黙示思想はかなり論理的一貫性のある神学的思索に基礎づけられている。そのもっとも基本的なあり方を示したのが9図である。

左の丸は我々が住んでいる世界、すなわち「この世」である。この世界を造ったのは神である。しかし神はこの世界を全面的に破壊する。この最終的破壊が行われるのは、「世の終わり」すなわち「終末」においてである。この世が破壊されるのは、この世が「悪」だからである。

そして神は、善なる世界であるところの「新しい世界」「来たるべき世」を新たに創造する。9図では、右に記した丸で示した。この世からは、ほんの一握りの選ばれた者たちだけが、終末の滅びを免れて、この新しい世界に導き入れられる。こうした情報は、神からの特別な啓示ないし幻によって、特別な者に与えられたことになっている。

黙示思想の特徴としてまず指摘しなければならないのは、この立場が律法に依拠しているのではないということである。黙示的な内容のテキストが律法に含まれることはある（たとえばダニエル書）。しかしこれは律法の側がそのような選択をしているのであって、黙示思想が律法を根拠にして成立しているとか、律法の全体を支持する立場にあるとかといったことを意味するものではない。次に検討するように、黙示思想は律法主義を批判する立場にある（つまり律法には、律法主義を批判する立場のテキストも含まれていることになる。律法全体に従おうとすると律法主義の立場を超えざるを得なくなる一例となっている）。

また黙示思想は、神殿主義とも必然的な関係はない。黙示思想は神殿について否定的な場合が多いが、神殿をある程度特別扱いすることも不可能ではない。しかしこの世における神殿の機能を全面的に肯定するような立場は、黙示思想では問題外である。

したがって黙示思想は、反律法主義・反神殿主義である。

黙示思想の背景にあるのは、動かない神の問題、契約と罪の問題、そして普遍主義的な神の問題である。つまりこれまでのユダヤ教の基本的な問題が、律法主義・神殿主義とは別の方向で考え直されているのである。

普遍性をもつ動かない神

まず黙示思想成立以前の状況を整理しよう。

ユダヤ教における神殿と律法の支配は、神学的には最終的な解決策になっていない。神は動かないという状態は、継続するばかりである。こうした状態が続く中で、普遍主義的な神の考え方も次第に浸透してくる。これはすでに見たように(第1章)、民族の神の偉大さを強調しようとする民族主義的な動機から生じたものだった。

すると罪の問題がイスラエル民族の枠内だけでなく、全人類・全宇宙について広く適用されるようになる。神が動かないのは単にイスラエル民族だけの罪のためでなく、全人類・全宇宙が罪の状態にあるからだという考え方が生じてくる。神が普遍的な神であってその神が動かないのだが、それが単にイスラエル民族だけの罪のためだというのでは整合的でないからである。イスラエル民族の一部(北王国)が滅んだために生じた罪の概念が、これも民族主義的な動機から生じた普遍主義的神の概念に合わせて普遍化・一般化されたのである。

こうした立場が典型的に示されているのが、創世記二―三章の「エデンの園」の物語である。しかし他にもいくつものテキストにおいてこの立場が表明されている。「エデンの園」の物語は、あたかも全人類が認めねばならない真実が語られているかのように取り上げられることが多く、そして問題となるのは、このテキストをどのように解釈すべきかという点でしかないように扱われることが多い。確かにここには最初の人間のことが記されている。しかし最初の人間のことが記されているという体裁になっているからそれが普遍的に全人類にとって真実だということにすぐにはならない。ユダヤ人側が自分たちの神学的論理の都合でいわば勝手に全人類は罪の状態にあると宣言しているだけである。こうした態度が生じてきたのが、民族主義的な動機によるものであることを思うならば、ユダヤ教徒・キリスト教徒の者ならばともかく、そうでない者が、こうした宣言を鵜呑みにしてよいかどうかについては、再考の余地がかなりあると思われる。

またユダヤ教の展開の中では罪の問題そのものについても、人間の勝手な自己正当化が正当でないことが理解されてくる。何が善であり悪であるかを決めるのは神である。裁きを行うのは神である。しかし神の裁きは行われていないように思える。異邦人の大帝国の支配が長く続いていることが、その何よりの証拠である。神は動かないのである。

このようなことが一部の者たちに次第に意識されるようになって生じたのが、黙示思想の流れである。罪の状態は全宇宙的規模の問題として捉えられる。そしてこの世は悪の状態にある。そしてこの悪の状態は深刻化する一方である。

神が普遍的であるということは、神は創造の神だということである。ただし神が創造の神であることは、多くの者たちが単純に考えてしまっているようにこの世の状態が肯定的なものだということを、すぐに意味しない。罪の問題があることが、このことのはっきりした証拠である。この世に罪があるということは、この世が悪の状態にあるということではないだろうか。そして神は動かないままなのである。これは神がこの世を善とは認めていないことの証拠だということになる。創造神としての神の教義（この世は神が造ったのだから、この世は良い世界ではないだろうか）と、神が動かないということ（この世は罪の世界であり、悪の世界である）の間には、難しい緊張があるということになる。

この緊張を前にして、どのように考えていくべきだろうか。ここでは罪の問題から出発して、説明を試みることにする。

律法主義では神は動かせない

罪の問題があるから、神が動かないのである。動かない神では、この神は頼りにならない神だということを意味しかねない。これは北王国滅亡の時に生じた問題の枠組みである。

この時には、この問題は民族宗教の枠内だけで考えられた。しかしいまこの問題は、普遍的な広がりにおいて考えられねばならない。

北王国滅亡の時に問題になったのは、民族の一部の敗北と滅亡だった。この時に神が動かなかったということから神が否定的に評価されて退けられてしまうことを避けるために、民の罪という概念が導入された。このお蔭で神の立場が救われたのである。しかし罪の概念が導入されたことによって、困った問題が生じてしまっている。

罪の概念は、動かない神の立場を正当化する上ではうまく機能したが、神が動かないという状態自体を変更するものではないという問題である。そして動かない神の立場が正当化されてしまっているので、どのような状況においてであれ、神が動かないということがあっても、それでも神が正当化されるということになってしまう。動かない神の問題は、北王国滅亡の問題だけについてかかわるのではなく、全宇宙的な規模でも適用されてしまうのである。

確かにこの世は悪で満ちている。だから神は動かない。神との関係が契約の概念で考えられているので、神が動かないことは正当である。

しかし神が久しく動かないことは、人間にとって耐えきれない現実である。契約の神を神とすることは、動かない神を正当だとすることなので、人間にとっては神がいないのと同然ではないだろうか。神はこのままずっと動かないのだろうか。

この問題の解決の最終的なあり方自体は、単純である。動かない神が動けばよいのである。

この問題の解決、すなわち動かない神が動くということの実現のために、これまでのユダヤ教の展開では、罪を何とか解消して義を実現することに関心が集中していた。ところが、どのようにしても不当な自己正当化の問題が生じてしまう。自己正当化を回避するために神殿主義・律法主義が成立し、維持され、その権威が増大してきた。しかし神殿主義・律法主義は、神の前での義を本当に実現するものではない。これでは行き詰まりである。

神は自由に動くという考え方

黙示思想は新しい観点から、罪の問題を解決しようとする試みだと捉えることができる。罪の状態が義の状態になるのは、どうしても不可能である。しかし罪の状態が義の状態になろうとすること自体、そもそも無理なことではないだろうか。

罪の状態にあるのに、何とかして義の状態になろうとするのは、考えてみれば、人間の側の勝手な要求である。このような勝手な要求を考慮に入れることに固執するから、神殿主義・律法主義のようなおかしなものが生じるのである。

人間の側のこうした勝手な要求を考慮しないで、罪の問題そのものを素直に分析すべきである。罪の状態にある世界や人間は、論理的には、どのようになるべきだろうか。答えは簡単である。そのような世界や人間は、滅ぶしかない。

こう考えるならば、これまで神が動かなかったことはむしろ驚くべきことである。神はリンゴを百円で売る商人ではない。リンゴを百円で売る商人ならば、百円を出さない者にはリンゴを与えないという態度をとるだけである。しかし神は神である。罪ある者は、滅ぶことになる。この世が罪の状態にあるという状況で神が動くならば、罪ある世界や人間を滅ぼすということになるしかない。

そしてこのことは、神が選んだ特別な者にすでに伝えられていると、黙示思想においては主張されている。ここには新たな「選び」がある。創造神としての神は、この世界を「選んだ」。また神はイスラエル民族を「選んだ」。しかしこの「選び」は、神が一方的に取り消すことになるのでもはや無効である。

神はこの世界を創造することによって、この世界を選んだということができる。しかし神は自由である。この世界を神は自由に創造した。しかし神がこの世を破壊するのも、神の自由である。また別の新たな世界を神が造ることも、神の自由である。

また神は、イスラエル民族を自分の民として選んだ。しかしこの選びを破棄することも、神の自由である。そして神はほんのわずかの一部の者だけを新たに選ぶのであって、これも神の自由である。

罪を義としようとするのではなく、罪をとり除くことがここで考えられている。黙示思想はこの点でまったく新しい視点を提供している。しかしこの視点は、考え直してみるときわめて論理的である。罪の状態に対する神の態度は沈黙か破壊である。罪の状態を義の状態にしようとすることの方に無理があるのである。そして罪に対して神が沈黙しているだけでは、問題が存続するばかりである。神が動くとすれば、残る唯一の可能性は一つであって、それは罪の破壊という方向への動きしかあり得ない。そして破壊が行われるならば、罪の問題に終止符が打たれることになる。

黙示思想については、さらに次の点を指摘しなければならない。

黙示思想の基礎となっている神学的論理は、いたって論理的なものである。しかし黙示思想には大きな問題がある。現実において終末がなかなか訪れないという問題である。終末が実際に訪れないことは、黙示思想の基礎をなしている論理自体が崩れることにすぐに繋がるのではないかもしれない。黙示思想において考えられている神の介入のあり方の可能性は常に存在する。しかし終末が実際になかなか生じないことも事実である。

黙示思想の新しさは、罪の問題の最終的解決策のあり方を、罪を義とするという方向とはまったく別の方向において考えたということである。この新しさは、神のレベルの思索にも認められる。それは神が動くということが考えられている点である。

つまり従来は、罪の状態があるから神が動かないとされた上で、罪の状態を何とか解消する方向に思索が展開した。しかし黙示思想では、罪の状態があっても神が動く可能性が考えられている。これは新しいことである。そして黙示思想では、神の自由がかなり認められている。神はこの世を破壊して別の世界を造ることができるということさえ考えられている。

しかし黙示思想で考えられている神の自由には限界がある。それはもし神が自由ならば、その神は罪を滅ぼさねばならないという論理に必ずしも従う必要もまたないのではないかという点である。罪の世界を滅ぼすというのも一つの可能性である。しかし自由な神は罪の問題についてほかの方法で対処する可能性もあるのではないだろうか。このことを気づかせる役割を果たした点で、黙示思想はたいへんに大きな意義をもっているとされねばならない。

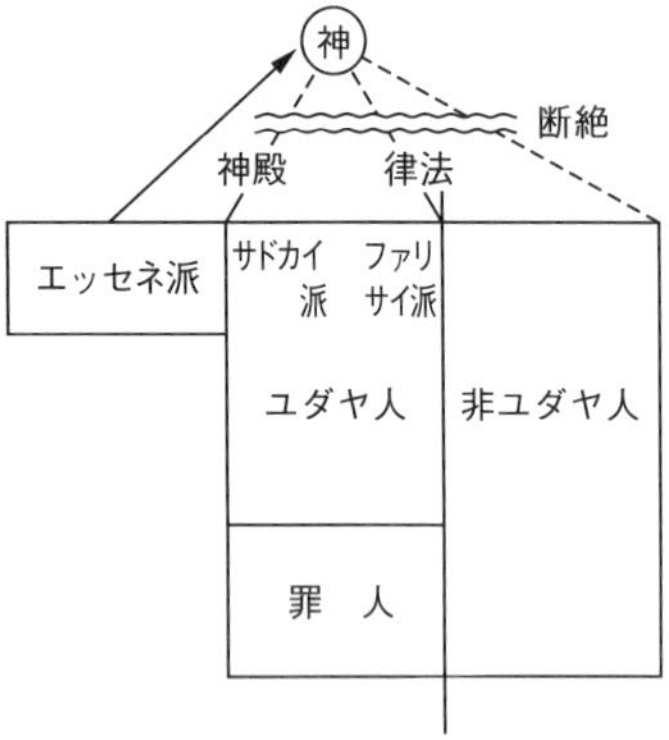

10図　イエスの時代のユダヤ教の状況

体制派対エッセネ派

　最後にイエスと初期キリスト教の時代のユダヤ教の状況について整理しておく。10図を見ていただきたい。これは8図をいくらかくわしくしたものになっている。この時代には宗教的には、サドカイ派・ファリサイ派・エッセネ派という三つの大きな流れがあったとするのが、伝統的な理解のあり方である。簡単に言うと、サドカイ派が神殿勢力、ファリサイ派が律法主義者たち、エッセネ派が荒野の修行者たちである。また政治的観点から、親ローマであるヘロデ派、反ローマであるゼロテ派についても考慮すべきである。

　こうした流れが次第に成立してくる発端は、前二世紀におけるマカベア戦争（前一六八―一四一年）と、それに続くハスモン朝（前一四二―三七年）の成立にある。前四世紀後半のアレキサンダー大王の征服以降、パレスチナはエジプトのプトレマイオス朝の支配下にあったが、前二世紀になるとセレウコス朝シリアの支配下に入った。プトレマイオス朝もセレウコス朝も、ギリシア系の王朝である。そして特にアンティオコス・エピファネス王の時に急激なギリシア化政策が行われ、これに対してユダヤ教の伝統を守ろうとしてユダヤ人たちが抵抗して生じたのがマカベア戦争である。セレウコス朝の正規軍に対して、ユダヤ人側はゲリラ戦で対抗することになった。そしてともかくもユダヤ人側が勝利するという形になって、ハスモン朝と呼ばれるユダヤ人の独立王朝がパレスチナに成立した。

マカベア戦争に勝利してハスモン朝が成立したといっても、セレウコス朝シリアが滅んだのではない。またエジプトにはプトレマイオス朝が大きな勢力を維持していた。ハスモン朝の王国は、大国にはさまれた小国に過ぎなかった。戦時には敵に対して全面的に対立して戦っていればよいが、平和になると、王国の独立を維持するために、周囲の大国との妥協的な関係を保たねばならない。文化的・宗教的にもさまざまな妥協を強いられる。それを容認する方向の立場をとるか、それを拒否するかで立場が分かれることになる。

妥協的な体制派がサドカイ派とファリサイ派、そうした妥協を潔しとしなかったのがエッセネ派と、まずは位置づけることができるだろう。

律法主義を支えるファリサイ派

サドカイ派は神殿勢力である。神殿で働く祭司たちを中心とした勢力である。神殿はユダヤ教の制度の中で、最高の権威をもっていた。またすでに言及したように、神殿税が入ってくる。したがってサドカイ派は、宗教的にも社会的にも、そして経済的にも、ユダヤ人社会の上流階級だった。

神殿の儀式の神学的正当性が実は不十分なものであるということが、サドカイ派においてどれほど認識されていたかを具体的に知ることは困難である。しかしユダヤ教の中には、後で見るように、エッセネ派のようにはっきりと反神殿の立場をとる流れが存在した。またすでに見たように、律法には、神殿支持のテキストが多く記されていたが、その一方で、神殿の意義をはっきりと疑問視するテキストも含まれていた。さらに後一世紀後半のユダヤ戦争の際に神殿が破壊されて、ユダヤ教の主流が律法主義に一本化される動きが生じたが、このプロセスは比較的スムースに進行したように思われる。こうしたことを考え合わせると、神殿は表面的には絶大な権威をもっていたようだが、それに見合うほどには真剣に信頼が寄せられている制度ではなかったと言ってよいと思われる。神殿がエルサレムにしかないために、多くのユダヤ人にとって神殿があまり実感のあるものでなかったと思われることも重要かもしれない。ユダヤ戦争では、エルサレムの町自体が破壊され、そして神殿も破壊された。そのような状況では、神殿再建は実際的に問題外だったことも考えねばならない。

いずれにしてもこの時期のユダヤ教において圧倒的に重要なのは、律法主義であり、それを支えていたのがファリサイ派の勢力である。

ファリサイ派は、律法主義者である。ユダヤ教徒の知識人で祭司階級出身でなければ、律法を勉強することが社会的成功のための残された道だった。彼らは子供の時から、律法を学んでいる。そして成人して気がつくと、彼らが比較的よく知っているのは律法だけなのである。子供の教育を中心的に支えていたのはシナゴーグなので、シナゴーグがファリサイ派を支えていることになる。そしてシナゴーグの先生は、ファリサイ派の知識人である。そしてこのような教育を受けた者がまたシナゴーグの先生になるなどして、ユダヤ人社会の宗教と社会生活に関する指導者になっていく。

律法の専門家ならば、律法の価値を疑えるところまで律法を学ぶべきだが、多くの場合は律法の価値を断言的に肯定し称揚すること以外思いつかない者が指導者になってしまう。ファリサイ派の律法主義は、こうした質の指導者を再生産するあり方において、ゆるぎなく守られていた。

律法主義的なあり方においては、「律法に基礎をおいた神の前での自己正当化」と言うべき問題が生じる可能性があることは、すでに触れた。しかしマカベア戦争・ハスモン朝以後のファリサイ派の律法主義における中心的な問題は、これとはいくらか異なる性質のものだったと考えられる。つまりこの時期になると単純な「律法に基礎をおいた神の前での自己正当化」が、だんだんと容易でなくなる傾向が生じてきた。それは律法主義のあり方がユダヤ教において本格的に支配的になってきたことが原因である。

「律法に基礎をおいた神の前での自己正当化」の典型的な例として、第二マカバイ記七章の母親と末の息子の例を先に取り上げた。母親の態度は単純な「律法に基礎をおいた神の前での自己正当化」の例になっている。しかし末の息子の言葉は、律法の役割の相対性がいくらか認められていると言えなくもない内容になっている。第二マカバイ記の成立は、前二世紀末と考えられている。この頃に生じた文書に律法を巡ってのこうした立場が並べて記されているのは偶然ではないだろう。

ここでの末の息子の言葉にあるような律法の相対性に気づき始めているようなあり方は、やはり稀なものだっただろう。しかし稀なものとはいえ、こうした立場がはっきりした形で出現するということは、律法の相対性についての理解が深まっている状況が背後にあると考えられる。

ユダヤ教において神と人との関係について考えるためには、律法は避けて通れない課題だった。しかも律法は、ユダヤ教の中で一部の専門家や好事家《こうずか》が孤立して研究しているようなものではなく、いわばユダヤ人のほぼ全員が、どのような動機からであれ、またどのようなレベルのものであれ、ともかくも勉強して理解を深めねばならないものとなっていた。

こうした状況においては単純な「律法に基礎をおいた神の前での自己正当化」の態度を維持することは困難になる。自分の自己正当化の根拠となる律法理解が浅薄なものであることが、社会の中ですぐに指摘されてしまうからである。

たとえば世俗化が進んだ現代では、伝統的にキリスト教的だとされているような社会であっても、聖書の理解の程度は、一応のところ知識人だとされているような者でもおそまつ極まりないものであることが多い。これはその知識人の知的能力が劣っているのではなく、聖書の理解についての社会的圧力が弱いためである。こうした状態では、いくらか熱心に聖書に関心を向けるといった程度でも、簡単に社会の平均的な聖書理解のレベルを超えることができる。少しばかり聖書からの引用をすれば、たいていの人は何も言えなくなってしまう。こうした中では「聖書に基礎をおいた神の前での自己正当化」が社会的に否定されにくいことになる。むしろ「聖書に基礎をおいた神の前での自己正当化」を互いに肯定し合うような者たちが、大集団を作ったりする。そしてたいした知識でなくても、そうした者は「聖書を知っている」と皆に思われたりする。

これに対して、民族全体において律法理解を深めることが最重要の務めだとされている状況では、浅薄な律法理解だけでの「律法に基礎をおいた神の前での自己正当化」は成立しにくい。そうした自己満足よりも、自分の理解のあり方が不十分であることは、レベルにかかわらず皆がそれぞれ痛切に感じるといった状態が生じやすい。

しかし自分の律法理解が不十分だということを皆がそれぞれに感じるという傾向が強いということは、「正当化」に類した問題がまったく生じないということを意味しない。そしてファリサイ派の律法主義が支配的だった状況での問題は、「正当化」の問題というよりも、「宗教社会的差別」の問題と呼んだ方が適切である。具体的にはユダヤ教の枠内での「罪人《つみびと》差別」の問題である。

律法主義での「罪人」の登場

各人が自分の律法理解を不十分だと感じているのでは、そうした者たちは自分を単純に「自己正当化」してしまうことはできない。しかし自分の律法理解が不十分だという認識は、自分の理解がまったく無価値だと考えることを意味するのではない。各人は自分の律法理解を少しずつでも深めるべく努力しているのである。知識人はもちろんこうした努力をしている。読み書きのできないような者も、シナゴーグでの話を聞き、さまざまな議論に参加したり、議論を聞いたりする。イエスが教えを述べたり、律法に関して論争したりする場面が福音書にはいくつも記されている。こうした場面のすべてをそのまま歴史的事実としてしまえるかどうかは微妙な問題だが、当時の雰囲気を窺い知る資料になっていることも確かである。多くの人が、律法を巡る言葉や論争に耳を傾けている。律法理解を深める努力をするということが、社会の中で大きな比重を占めていることが窺える。しかしこうしたことから、問題が生じてくる。

自分の律法理解を少しずつでも深めるべく努力をするということの背後には、次のような条件があると考えられる。自分の現在の律法理解は不十分だと本人が認識している。そして現在の律法理解を深めるべく努力して得られる新しい理解は、努力をする以前の理解よりも何らかの意味で優れているとされている。確かに完璧な律法理解に到達することはあり得ないかもしれない。しかし不十分な律法理解のあり方は、どれも同じように不適切なのではなく、その間には優劣があるのである。そうでなくてはより良い律法理解の努力をする意味がなくなってしまう。律法主義が支配的になることによって、社会の中が、より良い律法理解の絶えざる競争の場になってしまうのである。

このような状況では、より良い律法理解に達した者の方が、そうでない者よりも優れている。ここでは律法の「理解」に注目して論じてきたが、律法は理解すればよいだけでなく、実践しなければならない。より良い律法理解に達して、それを実践する者が、より優れているということになる。

こうして律法の理解と実践を巡って人々の間に、価値的序列が生じてくる。そして律法を巡って少しずつでも自分の状態をより良いものにしようとする者はともかく、律法の理解というには程遠い者、律法を守っていないとはっきりと言えるような者は、宗教社会的にはっきりと否定的に位置づけられるという現象が生じてくる。

律法の理解や実践に限らず、何らかの活動や行動に本質的な宗教的価値があるとする場合に、こうした社会宗教的差別の問題は避けがたく生じてくる。一定の活動や行動に価値があると「信じて」それを熱心に行うべきだということになっている程、こうした問題は深刻になる。なぜなら一定の活動や行動に本質的な価値があるならば、その活動や行動に積極的にコミットしない者には本質的に価値がないということにならざるを得ないからである。何らかの活動や行動に本質的な宗教的価値があるとして、それに熱心にコミットするあり方は「敬虔《けいけん》」と呼ばれるのが一般的である。宗教的な敬虔は、宗教的差別の原因となる。

ファリサイ派的な律法主義において生じた敬虔な態度によって、宗教的な差別が生じてくる。差別の対象とされた者は、はっきりと救われない者とされることになる。彼らを一括してどのような呼び名で呼ぶべきか微妙なところもあるが、もっとも一般的な呼び名と思われるのが「罪人」という呼称である。ファリサイ派の律法主義によって生じる「罪人」

の罪と、ユダヤ教において北王国滅亡以来の事情で生じた問題である「罪」とを簡単に重ね合わせることはできない。しかし常に両者はきちんと使い分けられているのでもない。どちらが問題になっているのか曖昧な場合もあるので、注意しなければならない。

律法主義は、罪の問題を最終的に解決するものではないと述べた。律法にいくらか熱心にコミットしても契約の神の前での罪は解消しない。律法主義者はいつまでたっても罪の状態にとどまっているのである。ところが罪の状態にあるこうした律法主義者たちは、自分たちと同じように律法にコミットしない者を「罪人」と決めつけ、救われない者として差別しているのである。律法主義者たちの主観的な誇りとは裏腹に、神学的には惨《みじ》め極まりない状況が蔓延してきたのである。

神との直接的な関係を求めて

エッセネ派は、基本的にはサドカイ派やファリサイ派と対立した流れである。そしてサドカイ派やファリサイ派がエリート主義的で、罪人差別のような問題も生じていたとはいえ、彼らはとにかくもユダヤ人社会の中で暮らしていた。これに対してエッセネ派は、ユダヤ人社会の中で暮らすことも厭《いと》って、「荒野に退き」、自分たちだけの共同体生活を行っていた。

ハスモン王朝が成立してサドカイ派となる流れが神殿の実権を握ることになった時に、彼らの妥協的なあり方を嫌って分裂した祭司たちが、エッセネ派の起源だと言われている。エッセネ派の内部には、さまざまな流れがあったと思われる。しかしエッセネ派内部にさまざまな流れが生じるのは、彼らが新たな模索を試みているからである。その模索の究極の目的は、神との直接的な関係の実現だと言うことができる(百四十八ページ10図参照)。サドカイ派は神殿の権威、ファリサイ派は律法の権威を背景にして、ユダヤ人社会において指導的な立場に立っていた。つまり彼らは、ユダヤ教において神殿の支配・律法の支配を維持していたのである。そして神殿制度も律法も実は神との断絶という状況の中で成立し存続していたものであることは、すでに見た通りである。この両派の立場には、社会宗教的にもさまざまな問題があったが、もっとも根本的な問題は、やはりこの神学的な問題——神との断絶——である。

エッセネ派がユダヤ人社会から距離を置いたのは、ユダヤ教の状況がこのように神から離れたものだからである。既存のユダヤ教の枠内に留まると神殿支配・律法支配のもとに取り込まれてしまい、そこには神との断絶の問題の解決の可能性はないからである。そして彼らは荒野での共同体生活を送る中で、神との直接的な関係の実現を模索した。

神との直接的な関係を実現しようとする態度には、すでに検討した黙示思想の立場と近いところがある。個々の黙示文学については、エッセネ派との密接な関係があったと議論されることが多い。大きな理解としては黙示思想は、エッセネ派的な流れが展開したものと理解してもよいかもしれない。

しかしエッセネ派的なあり方は、黙示思想のような方向だけに展開するのではない。独自の儀式や、独自の厳しい規律に意義を見出そうとするあり方もあった。いろいろと試したようである。

彼らのあり方は「神の前での正当化」を追求するものだと言うことができる。しかし知恵の浅薄な自己正当化や律法についての浅薄な理解で簡単に自己正当化してしまうのではなく、さらに厳しい模索が行われた。

彼らが具体的にどのような試みを行い、場合によってはどのような結論にいたったのかについては、残されている資料からだけでもかなり検討できる。クムラン写本（死海写本）についての研究が次第に成果をもたらし始めているし、クムラン写本の発見の結果、以前に知られていた資料についても新たな検討の余地が生まれている。またイエスや初期のキリスト教は、エッセネ派から大きな影響を受けていたと思われる。

人は神を前になす術のない存在

しかしここではエッセネ派全体にかかわる問題を検討しなければならない。問題というよりも、発見と言った方がよいかもしれない。

それはエッセネ派のような態度を突き詰めると、どうしても生じてくる事態である。神との直接的な関係の実現を目的としてあれこれと模索をしているのがエッセネ派だと述べた。こうした関心をもたなくなってしまった既存のユダヤ教からも離れて、彼らは彼らなりに真剣にこの目標を追求した。そしてこの際に、安易な自己正当化を避けることに苦心していた。

では自分たちの「正当化」は、どのようにして実現するのだろうか。自己正当化には意味がないとすれば、残る可能性は一つしかない。それは神の側からの一方的な正当化である。つまり神が、神の側から一方的に動くのでなければ、何も解決しないということになる。人間の側からは、何もなす術《すべ》がないのである。

11図とした三つの図を見ていただきたい。最初の二つは4a図(五十四ページ)とほぼ同じである。

11a図は、契約という概念で考えた神と人の関係の基本的なあり方を示したものである。しかし契約の概念は動かない神を正当化するために導入されたものだった。

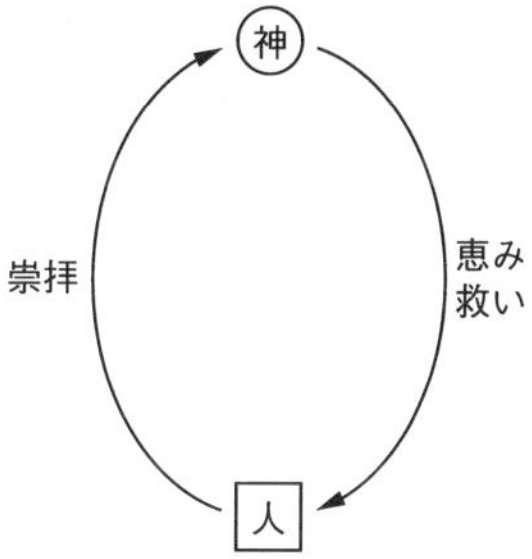

IIa図　神と人の基本的関係

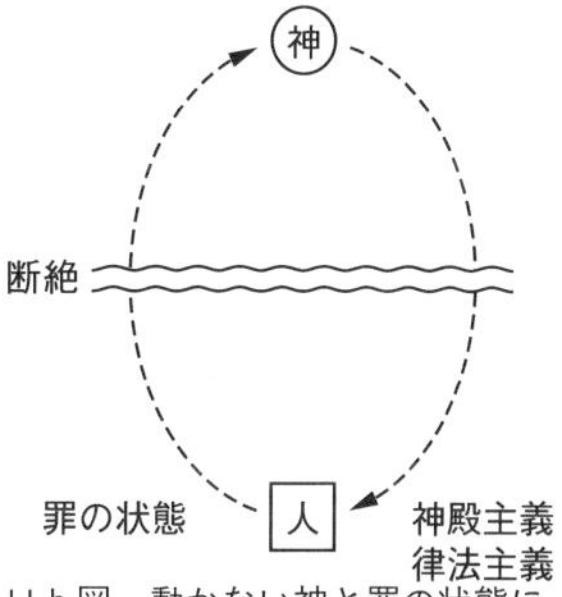

IIb図　動かない神と罪の状態にある人の関係

IIb図は、動かない神を正当化するために、人が罪の状態にあるということになった様子を示したものである。神と人との間には断絶がある。この断絶を解消するためには人が、罪の状態ではなく、義の状態にならねばならないのだが、そのために自己正当化の問題が生じてしまう。自己正当化は神との断絶を決定的にするものである。これを回避するために神殿主義・律法主義が発生する。神殿主義・律法主義によって自己正当化は回避されるが、神の前での完璧な義を永遠に実現できない。

ところでよく考えてみていただきたい。神の前での義の実現は、何を目的にしているのだろうか。それは神と人の間の断絶の解消である。では神と人の間の断絶の解消は、何のためだろうか。それは動かない神が動くようになって、神が「恵み」「救い」をもたらすようになることである。ところで神の前での義の実現とはどのようなことか。それは罪の状態にある人が、義の状態になるこ

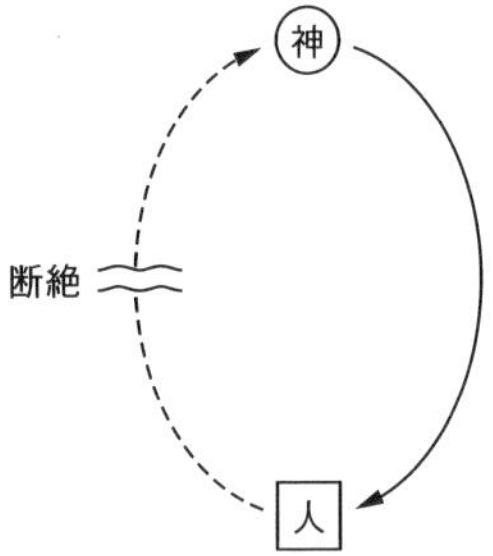

IIc図　エッセネ派的結論。
神は一方的に動く

とである。つまり人の状態の変化である。しかしこうした態度には根本的に問題があるのではないだろうか。ここでは人の状態が変化すること（罪の状態から義の状態への変化）によって、神の状態の変化（動かない神から動く神への変化）を実現しようとしているのである。

つまり端的に言えば、人が神を動かそうとしているのではないだろうか。人が神に命令しようとしているのではないだろうか。これでは基本的には、御利益宗教の場合と同じである。自己正当化の態度が神との断絶を決定的にすることに注目をして、これまでは議論してきた。しかし神を動かすために人が義とならねばならないという前提において、すでに神との断絶が決定的になっているのである。

では神が動くという事態の実現の可能性は、もうないのだろうか。

IIc図を見ていただきたい。人間の関心は神との断絶の状態に集中してしまっている。これを何とかしなければならない。人間が直接に神を動かすことはできない。そこで人間が罪の状態にあることがよくないのだから、これを何とか義の状態に変更しようとする。ところが「自己正当化」の問題が生じ、それを回避するために神殿主義・律法主義が生じてしまう。神殿主義・律法主義は、神の前での義を実現するものではない。そしてそもそも人間が義の状態になって神を動かそうとすることは、人間が神に命令することだと気がつく。神が動く可能性は閉ざされているかのようである。しかし神が動く可能性はまったくなくなってしまったのではない。最後にもう一つだけ可能性が残っているのである。

それは神が勝手に動くということである。人間が自分で義の状態になろうと意気込んだり、勝手に自分は正しいと思いこんで「自己正当化」に陥ったり、神殿主義・律法主義に苦しんだりする。そうした人間の側の動きがあろうとなかろうと、そんなこととは関係なく、神が一方的に動くという可能性が残っている。神は神であるので、人間の状態に応じて、神が動くのかどうかを決める必然性はない。契約の概念を神と人との間に導入したために、人間の側に誤解が生じたのである。契約の概念が有効ならば、百円を出せばリンゴを貰うことができるのである。罪の状態にあるということは、いわば百円を出すことができないということである。だから何とかして百円を用意しようとする。

しかし神は百円でリンゴを売る商人のような存在なのだろうか。人間が百円を出せば、神はリンゴを人間に渡さねばならないのだろうか。契約は人間を拘束するのだが、契約の概念を導入するということは、契約によって神も拘束しようとすることになってしまう。神は人間が考え出した契約の概念などに拘束されないはずである。そして神は動かない。

しかし神が動かないのは、契約に拘束されて動かないと考えねばならない必然性はない。人間が百円を出そうが出すまいが、神は勝手にリンゴを人間に与えるという可能性があるのである。そして神がこのように一方的にリンゴを人間に与えるのならば、契約とか、それに付随して生じた罪の問題などは、まったく意味のないことになってしまう。

北王国の滅亡は、前八世紀の後半のことだった。エッセネ派の者たちがこのことに本格的に気がついたのがいつのことだったかはっきりと定めることはできないが、前一世紀前後とするのが妥当かと思われる。このことに気がつくのに七百年ほどの時間が必要だったのである。

神の前での正当化のためには、人間の側からは何もなす術がない。神の側からの一方的な介入だけが、唯一残された可能性である。これがおそらく、エッセネ派的あり方が行き着く結論だと思われる。

エッセネ派は、後一世紀後半のユダヤ戦争およびそれに続く混乱の中で消滅してしまう。ユダヤ教が律法主義的なあり方に収斂した後も、エッセネ派的なあり方が再び本格的に出現することはない。

これは根本的には、エッセネ派の運動が結論にいたってしまったからだと思われる。人間の側からはなす術がないということになったのだから、わざわざ再び荒野で生活する必然性もないことになる。

こうした段階になると、残る関心事は、神の側からの一方的介入のあり方が具体的にどのようなものになるのかということだけである。

黙示思想は、この問題についての一つの可能性を示している。黙示思想はエッセネ派が消滅してもまだしばらくは、関心を集めていたようである。しかし宇宙論的規模での終末は訪れない。またこのような終末が訪れるならばすべてが破壊されるのである。それについてあらかじめ、あれこれ想像を巡らしてもあまり意義がないという問題がある。新たな黙示文学が間もなく作られなくなるのは、こうした理由によるものと思われる。それに神の側からの一方的な介入には、この世を破壊するという可能性だけしか残っていないのではない。キリスト教の流れとなる運動が生じたことも、この文脈において考えられるべきである。

ユダヤ戦争敗北と律法主義への一元化

後一世紀後半までのユダヤ教は、さまざまな流れを含む幅広いものだった。しかし六六—七〇年のユダヤ戦争での敗北後にユダヤ教は律法主義に一元化してしまう。そしてこの状態が基本的には二千年近くの間続いている。この時期の律法主義には、それ以前の律法主義とは異なった面があると思われる。

神殿は神学的にあまり意味がないことがはっきりしてきたところでユダヤ戦争の際に破壊されて、存在意義だけでなく、制度としての具体的な形も失われてしまう。ただしユダヤ教における儀式は、シナゴーグでの集会が定期的に実現されることで実行されており、かつての神殿での儀式が果たしていた機能を果たしていると言えると思われる。

それにしても律法の意義についても神殿の場合と同じような問題があると思われるにもかかわらず、律法主義が長い期間にわたって堅固に維持されてきているのはなぜだろうか。もちろん先で見てきたような律法主義の実際的機能の重要性を捨てることはできないという事情もあるだろう。しかしそれだけではない意義が、律法に付け加わっていると思われる。

後一世紀末にユダヤ教が律法主義に一元化して以来、本格的なエッセネ派的動きはユダヤ教から消えてしまう。これはユダヤ教においてエッセネ派の結論——神の側からの一方的な介入だけが、唯一残された可能性である——が、考慮に入れられていることを意味していると思われる。エッセネ派の結論は人間の側からは何も本当に有効なことはなし得ないというものなので、目立ったものが見当たらないというだけかもしれない。

ところでエッセネ派の結論は、ユダヤ教にとって恐るべきものではないだろうか。神はイスラエル民族を自分の民として選んだ。しかし断絶が生じた。神は動かない。神が自分の方から動き出すことだけが、この閉塞状況の解決の道である。ところで神が動き出した際に、イスラエル民族が再び特権的な神の民として選ばれるという保証は何もないのである。神の新しい選びの範囲は、どのようであってもよいのである。

そしてエッセネ派の結論が前一世紀前後に生じたとするならば、それに続く時期のユダヤ教における神学的に最大の事件は後一世紀におけるキリスト教の出現である。次章で見るようにキリスト教の中心的意義は、神の新たな介入が生じたという主張にある。そしてキリスト教は、神の新たな選びの範囲が排他的にイスラエル民族に重なっていないと主張したのである。こうした主張に対してユダヤ教の主流は、民族中心主義的で律法主義的な態度を取り続けることを選択した。

このことはユダヤ教がキリスト教の主張を拒否したことを意味するのだろうか。それともユダヤ教の主流の態度は、キリスト教の展開を見定めるためのものだろうか。この問題は次章で検討する。いずれにしてもユダヤ教の主流が、キリスト教の主張を全面的に肯定しているのではないことは確かである。

こうした状況で律法主義は、自己正当化を回避するという意味に加えて、もう一つの重要な意味をもつことになると思われる。律法主義は神との断絶を完璧に解消するものではない。神との断絶は存在し続ける。しかし契約の関係においてユダヤ教は神との関係を保持し続けているのである。

このいわば否定的である（神との断絶がある）ところの神との積極的な関係を具体的にもち続けることを可能にするのが、神からのものとされている律法を無限により良く守ろうとする態度ではないだろうか。この意味で律法主義——そしてシナゴーグにおける儀式もこれに加えることができる——は、神から決定的に離れないための唯一手元にある手段だと考えられる。

第5章——洗礼者ヨハネとイエス

洗礼者ヨハネとイエスの共通点

本章と次章では、キリスト教の成立を巡る状況について考察する。第1章では、ユダヤ教の民族中心主義的な面とキリスト教の普遍主義的な面を比較して考察した。しかし第1章の議論は本書の導入のためのもので、キリスト教の重要な側面の一つを指摘したに過ぎない。ここでは第4章までの古代ユダヤ教の展開についての考察を前提にして、キリスト教のあり方についてより全体的に扱っていくことにする。

具体的には、本章で洗礼者ヨハネの活動、イエスの活動、次の第6章で初期キリスト教の展開について考察する。近代という時代には世界規模で大きな状況の変化が生じた。この状況の変化とキリスト教の対応の問題については第7章で検討する。

12図を見ていただきたい。後にキリスト教となる流れは、イエスの活動から始まった。イエスは後一世紀前半にパレスチナでかなり短い期間(一年ほど、あるいはせいぜい数年間)だけ活動して、結局処刑されてしまう。イエスの処刑は、後三〇年頃のこととしてよいだろう。ユダヤ戦争が後六六―七〇年である。この後、ユダヤ教主流とキリスト教が分裂する。念のために確認しておくと、三十九のヘブライ語の文書からなる「ユダヤ教の聖書」

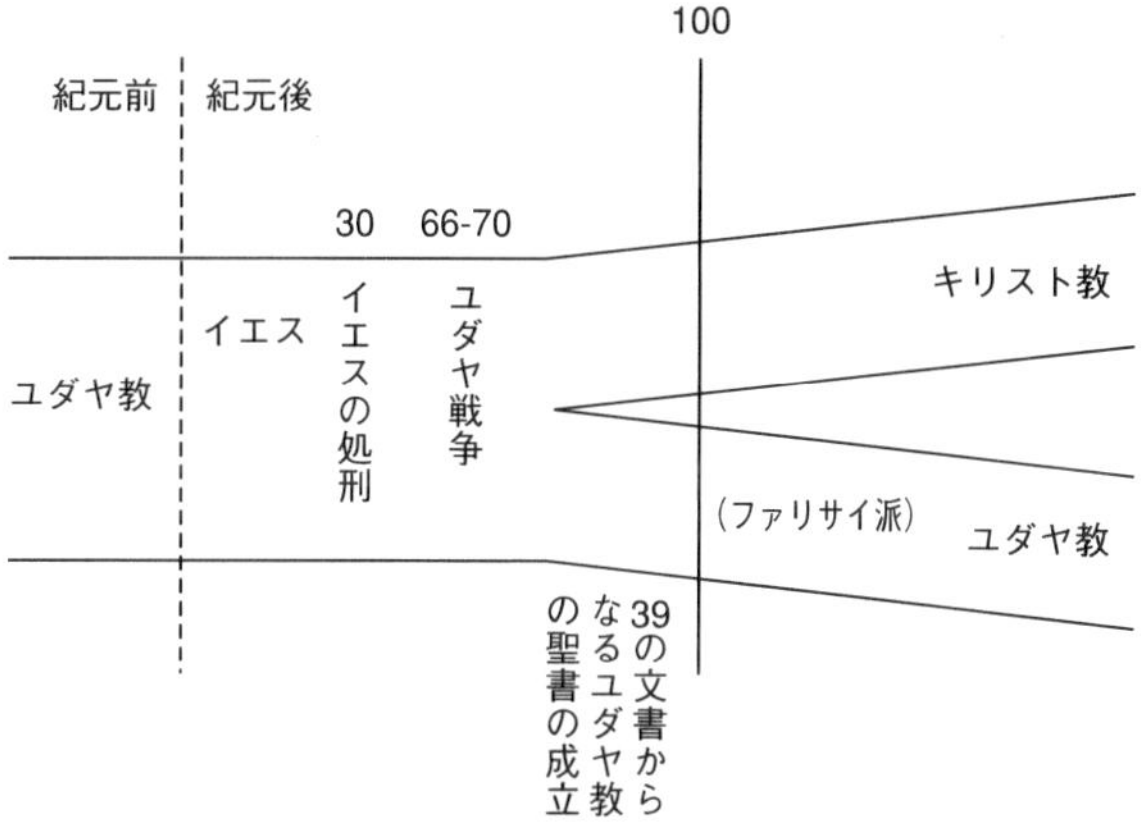

12図　ユダヤ教とキリスト教分裂の流れ

が一応のところ確立するのはこの時期のことであり、これはユダヤ教主流の側の出来事である。

イエスがエッセネ派に属していたかどうかは、よくわからない。しかしイエスが、エッセネ派にたいへん近い立場にあって、エッセネ派の影響をかなり受けていたことは確実である。そしてイエスは、洗礼者ヨハネと似ているところがある。

洗礼者ヨハネとイエスはエッセネ派的傾向を強くもっている一方で、ユダヤ人社会全体と関係をもとうとした点で共通している。エッセネ派ははっきりしたエリート主義的な立場をとっていたので、この点において二人の態度は通常のエッセネ派の態度と一線を画している。

洗礼者ヨハネは洗礼という簡単な儀式によって「罪の赦《ゆる》し」の状態が実現したということに

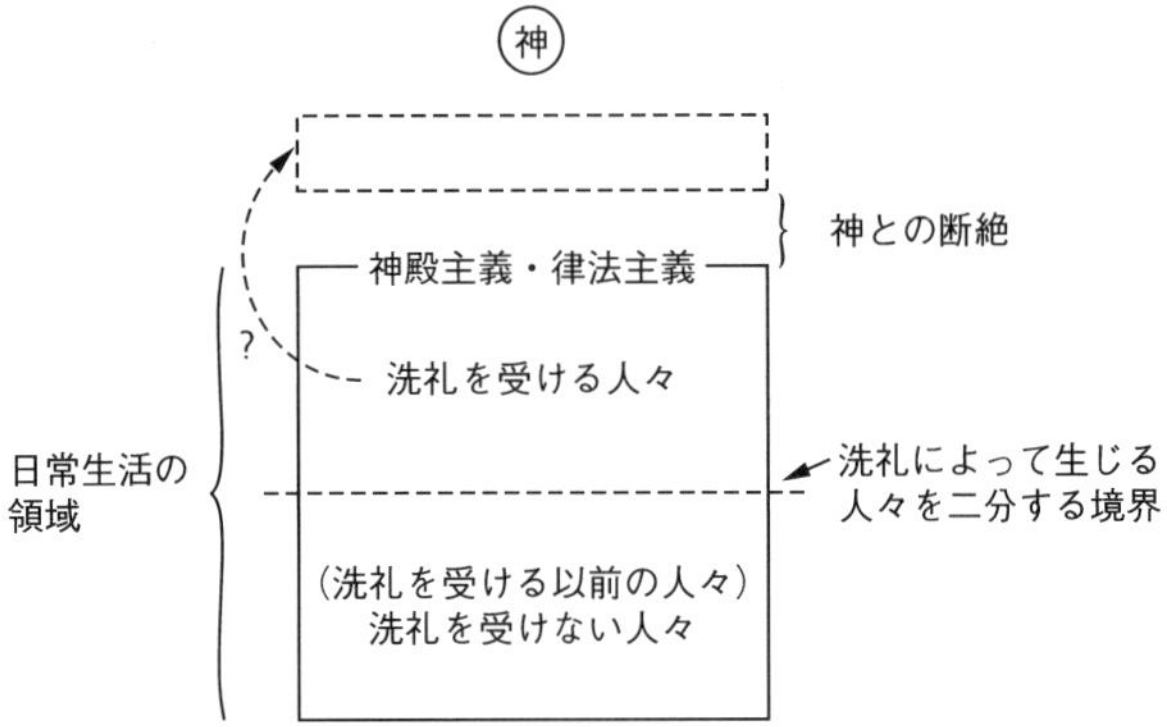

13図　洗礼によって生じたユダヤ教のあり方

しようとしたと思われる(福音書の記述では、後のキリスト教の立場から、この点が変更されていると考えられる)。

この洗礼という儀式が神からのものであることを認めるならば、長年の罪の問題すなわち神との断絶の問題は、この洗礼を受けることによって解決すると言えるのかもしれない。

ヨハネによる洗礼の問題点

しかしイエスは、洗礼者ヨハネと似たような方向ではあるが、別の活動を企てた。洗礼者ヨハネの活動のあり方に問題があったからである。

13図を見ていただきたい。これは洗礼者ヨハネの「罪の赦し」の洗礼によって生じたユダヤ教のあり方を示したものである。

第一にまず指摘しなければならないのは、洗礼という儀式の権威が人間社会（まずはユダヤ人社会）に必ずしも認められないという問題である。多くの者が洗礼者ヨハネの洗礼を受けたのかもしれないが、社会の権威ある制度としての神殿主義・律法主義は崩れない。洗礼者ヨハネは洗礼という儀式を行うだけで、日常生活のあり方についての具体的指針については何も指示しない。

洗礼という儀式によって罪は赦されたようだが、日常生活については罪を前提とする神殿主義・律法主義の枠内にとどまらざるを得ない。人々は、一方では罪が赦されたようであり、他方では罪の状態はまだ存在しているような状況に置かれてしまうことになる。神学的に有効な活動を単純に実行するだけでは、それに見合った事態が社会に実現しないという問題だと言い換えることができるだろう。

この問題は、キリスト教のさまざまな試みにも共通して基本的に生じるものである。たとえばユダヤ教の主流における律法主義は、いまも崩れていない。エッセネ派の結論は、神の側が一方的に動けばよいというものだった。しかし神が動いても、社会が拒絶するという問題である。

第二。洗礼者ヨハネの活動についての問題として、もう一つ指摘しなければならない。それは洗礼者ヨハネが採用した洗礼は儀式であり、個人的なものであり、そして「罪の赦し」のためのものとされている点である。洗礼は各個人については一回きりなので、繰り返し行わねばならない神殿の儀式の場合に生じたような一回ごとの儀式が不十分だという問題は洗礼の場合にはない。しかし洗礼の儀式は、洗礼を受ける者と受けない者、また個人について洗礼を受ける前の自分と受けた後の自分を分けるものである。これは儀式が本来的に客観的な形態をもっていることから避け難く生じる事態である。世界は洗礼という儀式によって空間的にも時間的にも二分されることになる。こうした儀式という手段を、洗礼者ヨハネはなぜ採用したのだろうか。

それはつまるところ、彼の関心が罪の解消の問題に集中していたからだと思われる。これはエッセネ派において見られたような厳しい修行生活をしようとする者が、すべてを捨てて自分の生活を修行の生活に全面転換することを決心する際の直接的な動機に対応した関心だと思われる。罪の問題を何とかしなければならないというところから始まるのである。洗礼者ヨハネはこの関心を中心的なものとしてずっともち続けたと思われる。したがって、神の側が一方的に動くしかないという結論にいたった段階においても、彼を通しての神の介入は、罪の解消の問題に集中したのである。

しかしこの視点自体に問題がある。罪の解消を儀式で実現しようとする態度には、罪の状態が存在するということが前提になっている。罪があるからこそ、罪の解消が実現しなければならないのである。したがって罪で満たされた世界に、罪が解消された領域を作りだす必要がある。この二つの領域の境界として、客観的な儀式が採用されたと考えるべきである。

ところがこのアプローチでは、罪はなくならないのである。前述した人間社会の側からの抵抗という実際的な問題もある。

しかしもっと根本的な問題がある。罪で満ちた世界に境界を設けて、一方を罪のない領域にするのは、世界を二分することである。二つに分けるという方法では、罪の領域が減少するということはあるかもしれないが、罪の領域がまったくなくなるということはない。二つに分けるという方法では、罪の領域の存在がどうしても必要だからである。すべての人が儀式を受ければよいと思うかもしれない。しかし儀式を受けに来る人々の儀式以前の状況は、どうしても罪の状態にあるということにならざるを得ない。罪の赦しというアプローチでは、罪がまったく消えるということはないのである。

また洗礼という儀式が実現されるためには、洗礼を受ける側の同意がやはり必要である。神の側からだけの一方的な介入だけが問題を解決するはずなのに、その神の側からの介入が意味をもつために人間の側の同意がいくらかでも必要であるというような形態の儀式が不可欠だとしてしまうことはやはり不適切ではないだろうか。

キリスト教において洗礼は別の意義をもつことになる。最初のうちは洗礼という儀式は用いられなかった。キリスト教で洗礼という儀式が行われるようになってから、洗礼者ヨハネはイエスの先駆者として位置づけざるを得なくなり、これに合わせて洗礼者ヨハネの洗礼の意義についての解釈が変更された。また洗礼という儀式そのものも、洗礼者ヨハネの洗礼とは別の意味で採用されるようになった。

「神の支配」の告知役としてのイエス

イエスについては、地上のイエスすなわち処刑前のイエスと、神格化されたイエスを区別して論じる必要がある。ここで問題にするのは地上のイエスである。

地上のイエスの活動の意味を当時の状況の中で簡単に特徴づけるのは、かなり困難である。イエスの活動が多面的で、そのためにイエスについての証言において強調されている点が必ずしも一致しないからである。さらに後のキリスト教運動の展開において生じたさまざまな問題との関連でイエスのイメージが変化して、それが我々の手元の資料に混入している。しかし本書では大きな流れを示すことが課題なので、あえて特徴づけを試みることにする。

イエスの活動の中心は、つまるところ「神の支配」の現実の告知だったと言うべきだろ

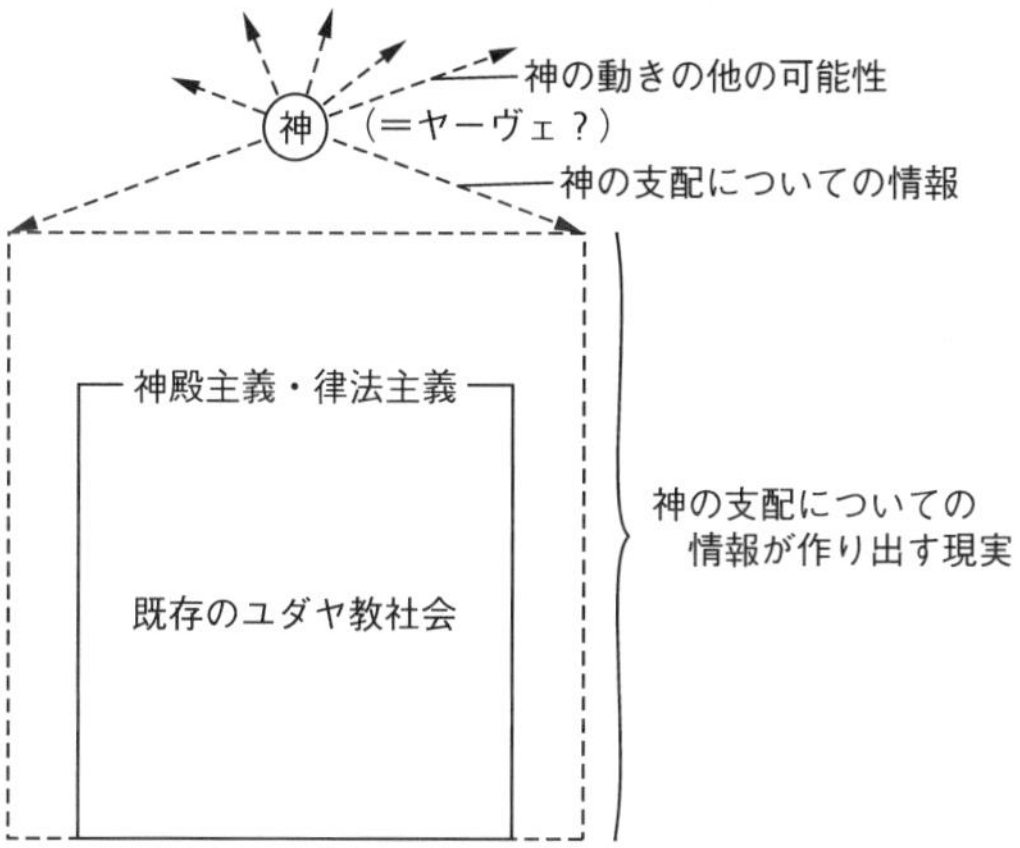

14図　イエスが告知した「神の支配」の様子

う。「神の支配」という表現の中の「支配」という語は、ギリシア語の「バシレイア」という語の翻訳である。「バシレイア」は「国」「王国」とも訳すことができる。したがって「神の支配」は「神の国」「神の王国」と言っても同じことである。本書では「神の支配」という表現を用いることにする。

イエスは「神の支配」を問題にした。このことは神が世界に対して肯定的に動くということである。神が支配するということは、神が世界を放っておいて世界との間にある断絶をそのままにしておくということではない。やさしく言い直すならば神が世界の面倒を見るということである。

そして神がこのように動いたということは、罪も消えてしまったということである。14図を見ていただきたい。これはイエスが告知した「神の支配」についての様子を示したものである。神の支配の領域は、神殿主義・律法主義と神との間にあった断絶の線を無視したかのように生じようとしていて、この領域は神殿主義・律法主義の領域を包みこんで余りある。ただし神の支配をイエスが告知したからといって、この神の支配の現実が十全に実現されるということにはすぐにならないと思われるので、神の支配の領域は点線で示してある。

神が世界に対して肯定的に動かないという問題、つまり神との断絶の問題があったから、罪の問題が生じたのである。神が支配するということは、神との断絶がないということであり、罪といった事態には意味がないということである。したがって神の支配を認めるならば、「罪の告白」などといったことがいまも教会の枠内で強制されているのは、おかしなことである。これについては後述する。

またイエスが来れば罪がなくなるのではない。神が動いて、神が支配するということになれば、罪などと言っていたことに意味がなくなったのである。イエスはそのことを告知したのである。

これ以降のキリスト教の展開は、この「神の支配」の現実との関連において展開する。そしてここに、古代ユダヤ教以来の一神教の神を前提とした上での、キリスト教の有効性に関するもっとも根本的な問題があると言うことができる。イエスと、その後の膨大な数の彼の後継者たちは、「神の支配」の現実との関連においてさまざまな主張を試み、さまざまな行動を行ってきた。

神は本当に「支配」しているのか

しかしこの「神の支配」の現実の告知については、次のような問題がある。イエスとその後継者たちが主張するように、神が動いた、そして世界を積極的に肯定する方向に神が動いたということが、果たして事実なのかという問題である。

「神の支配」という事態は、「神が一方的に動く」というエッセネ派の結論の方向に沿ったものになっている。しかし「神が一方的に動く」ならば「神の支配」というあり方においてのみ神が必ず動くとは思われない。神は、この世との断絶を修復するのではなく、黙示思想で考えられていたように、この世を全面的に滅ぼしてもよかったのかもしれない。神の介入の方法には、他にもいろいろとあり得るだろう。神の選択が場合によっては変化するという可能性もある。また神は、いつ動かねばならないということもないのだから、世界をそのまま放っておいてもよかったのかもしれない。人間が考えただけでも、神の動きにはさまざまなものがあり得る。したがって、「神の支配」という方向に神が動くというイエスの主張については、神は動かないという場合を含めて、神は他の選択をしている可能能性を排除しきれるのかという問題があることになる。

では、どのような事態になれば、神の支配の現実についてのイエスの告知が事実に対応しているという確信が得られるのだろうか。

一つは、このことを確認するような神からの直接の介入が各人にあれば、その者は確信を得ることができる。キリスト教徒の一部の者は、神からのこうした介入が自分にはあったと主張している。しかしこうした神の介入はこれまでのところ個人的で散発的なものであって、神の介入があったとする者が自分の確信をいくら強調しても、神からの直接の介入のない者には確信は生まれない。

もう一つの可能性は、神の支配が客観的にそして真に十全に実現したということになることである。こうなれば当然ながら、神の支配の現実が事実であることは誰にとっても明らかである。しかし神の支配が完全に実現しているという状態には、いまだになっていないことは確かだろう。

したがって、神からの直接の介入が個人的にあったとする一部の者の場合を除けば、神の選択が結局のところどのようであったか、そしていまはどのようなものなのかを究極的に知ることは人間にはできないということになる。

「神の支配」についての情報が作り出す現実

しかしイエスが告知する現実が事実かどうかについての確信が得られないとしても、イエスが与える情報をまったく無意味なものとしてすぐに退けてしまってよいということにもならない。

イエスが与える情報自体がまったく新しいものであることが、まず認められねばならない。神が一方的に動く、しかも「神の支配」という方向に動くという可能性が考えられているということは、神との契約とか、それに付随する人間の罪の問題などが、すべて無効になる可能性があるということである。このような可能性があるということ自体が、新しいのである。

つまり神の支配の現実についてのイエスの告知によって、新しい現実が出現している。これはまだ神の支配の現実そのものではない。あるいは神の支配の現実が十全に実現したといった状態ではないと言った方が適切かもしれない。いうならば神の支配の現実の十全な実現の可能性を見据えることができるようになったという現実である。したがってこれを「神の支配」というより、「神の支配についての情報が作り出す現実」と言った方が適切だろう。

「神の支配」についての情報を退けてしまうことは、この「神の支配についての情報が作り出す現実」を退けてしまうことである。

その場合に人間はどのような状況に置かれるだろうか。神の前で人間は何も有効なことはなしえないというエッセネ派の結論に戻るだけである。たとえばユダヤ教の場合について考えると、人々にはエッセネ派の発見以前の段階である神殿主義・律法主義の支配の現実しか残らないことになる。契約とか罪といった、すでに神の前では究極的には意味がないことが明らかになっている考え方に相変わらず拘束されるという状況に戻るだけである。

「神の支配」については、「神の支配が実現した」とは言わずに、「神の支配が近づいた」という微妙な表現が用いられている(マルコ福音書一・一五)。この表現においては、以上のような「神の支配」についての情報が作り出す新しい人間の状況が問題にされていると思われる。神と人との関係は、ここでまったく新しい段階に入ったのである。

「神」とはヤーヴェか

「神の支配」の現実の告知については、そのような現実が情報通りの事実なのかという問題の他に、もう一つ根本的な問題がある。それはこの「神の支配」で問題にされている「神」がヤーヴェなのかという問題である。これはヤーヴェを唯一の神としてきたユダヤ教との関連において、特に重要な問題である。

神の支配の現実についての告知は、「神が一方的に動くしかない」という結論から生じたものである。神は支配する側であって、人が神に対して優位に立っているのではないことは当然の前提になっている。御利益宗教的なあり方においては、神よりも人が優位に立って、さまざまな神を人が選択するといったことがあるために多神教的状況が生じたが、このような事態が生じる余地は、神の支配の現実においては根本的にはあり得ないことになる。神の支配の現実についての告知を肯定的に受け入れるならば、この神以外の神を人間が選択することは根本的にはできないことになる。

しかしイエスによる神の支配の現実についての告知で問題にされている神については、根本的に神との断絶があったところに、それを乗り越えて神が世界に対して肯定的に動くとされている。この神は果たして、ユダヤ教で問題となっているヤーヴェであるとすることが確実にできるだろうか。イエスが父と呼んだ神がヤーヴェであると言い切れるのだろうか。これはいわば、神のアイデンティティーの問題である。

この神がヤーヴェだと言いえる根拠となる徴候も数多く認められる。しかしそうでないと議論することもできる徴候も少なくない。

こうした問題があるために、イエスの神はヤーヴェではないとする有力な流れが生じたりする。

たとえば後二世紀に大きな勢力をもったグノーシス主義は、徹底した二元論を主張して、神についても二つの神があると主張した。「悪の世界」であるこの世を創造したヤーヴェと、イエスをこの世に送った神とは別のものであるとされていた。グノーシス主義は基本的には消滅したとされているが、グノーシス主義が提示したこの問題は、まだうまく解決されていないのではないかと思われる。またグノーシス主義の特殊な立場を論駁《ろんばく》し切ったとしても、神のアイデンティティーの問題が明確に解決されるものでもない。

キリスト教とユダヤ教の距離

「神の支配」の現実の告知についてのこの二つの問題――この現実の事実性の問題と、神のアイデンティティーの問題――は、いまも未解決のままだと言うべきである。イエス以来のキリスト教の立場は、少なくともこの二つの根本的な問題が未解決のまま展開してきているのである。

そしてこの二つの根本的な問題が未解決のままであることを理解するならば、イエス以来のキリスト教にここ二千年近くの間にわたって距離を置いているユダヤ教の立場が理解できるように思われる。

ユダヤ教は、神との断絶を前提にした律法主義の立場を堅持している。彼らのあり方を

「かたくなな態度」といった表現で非難するようなことが、キリスト教の側で行われてきた。しかし問題はそれほど単純ではない。

律法主義の立場は確かに神との断絶を前提にしている。しかしユダヤ教はヤーヴェとの関係を契約という形で保っているのである。ヤーヴェとの契約は存在したままである。ただし罪の問題があるために、この契約が実行されないだけである。

キリスト教が主張する「神の支配」の現実を肯定することは、既に見たように、罪が解消し、契約にはもはや意味がないことを認めることである。

ところがこの「神」は、もしかしたらヤーヴェではないかもしれないのである。また神の支配の現実は、事実ではないのかもしれないのである。

律法主義の立場に留まることは、神との断絶を認めることなので苦しいことである。だからと言って、確実でないままにヤーヴェを捨てることになるかもしれないような選択ができるだろうか。

もちろん神の支配が事実であり、この「神」がヤーヴェである可能性もある。したがってイエスとキリスト教の主張を受け入れることは、ユダヤ人にとっては一つの賭けのようなものになってしまっているのである。

イエスはユダヤ人であり、その弟子たちをはじめとするキリスト教徒にはユダヤ人出身の者も少なくない。したがって、この賭けを選択する者もユダヤ人の中には存在する。しかしユダヤ教全体としてこの賭けを選択することは、やはりできないのである。

こうした観察が適切なら、次のように言うことができるだろう。

キリスト教は、イエスが告知した「神の支配」の現実が事実である可能性に賭けている流れである。これに対して、ユダヤ教は契約という唯一の関係によってヤーヴェとの繋がりを確保しながら、キリスト教の賭けが成功にいたるかどうかを見守っている流れである。

ユダヤ教の立場とキリスト教の立場がこうした根本的なレベルにおいて異なっているのならば、簡単に両者が折り合うということはないということになる。しかし互いの相違を、このようなものとして認め合うならば、無用な対立や不幸な出来事の多くを避けることができるようになるだろう。ユダヤ教とキリスト教の意味ある「対話」に資するところがあれば幸いである。

「神の支配」の証拠としての奇跡

神の支配の現実についてのイエスによる告知から生じた「神の支配についての情報が作り出す現実」について、さらにいくらか検討する。

神の支配の告知は、つまるところ神学的現実の変化の可能性についての情報でしかない。

このために、人々が具体的にとることになる態度に関して、難しい問題が生じてくる。一つは、神の支配の現実についての証拠の問題、もう一つは、「神の支配についての情報が作り出す現実」に見合った生活スタイルの問題である。

神の支配の現実は十全に実現していないが、「神の支配についての情報が作り出す現実」が実現しているために、人々は――神の支配の現実を受け入れようとする者も、そうでない者も――「神の支配」の現実の全面的な実現についての確信に少しでも近づこうとすることになる。最終的な確信は、「神の支配」の現実の全面的な実現そのものによってしか得られない。しかし「神の支配が近づいた」といった単純な情報だけでなく、たとえ部分的なものではあっても、この「神の支配」の現実の証拠となるような実感のできる何かを人々は求めることになる。

この問題については、日常生活の中で出会うことのできる似たような状況をまず考えてみることにする。人間の間のごく人間的な愛の関係のことを考えてみていただきたい。

相手は自分を「愛している」と言う。これは愛の現実についての情報である。自分は相手に愛されたいと願っているので、愛が確実に存在しない状況よりも、愛についての情報がある方がよい。

そこで「愛している」という相手の言葉に信頼を置こうとする。これまでの説明での言い回しを援用するならば、これは「愛の支配についての情報が作り出す現実」が出現したことだと言えるだろう。しかし自分は、その愛の「証拠」が欲しい。さまざまな愛の行為と思われる姿を相手は見せるかもしれない。あるいは相手の愛のあり方についての理解を少しでも自分の方でも深めようとする。それで自分は、相手の愛について完璧な確信が得られるだろうか。愛の証拠はどんなに山積みされても、いつまでたっても不十分である。相手を疑おうとすれば、いくらでも相手を疑うことができる。相手を信頼することもできるが、それは愛の証拠が確実にあるからではない。たとえ相手を信頼しているつもりでも、やはり愛の証拠が欲しい。

また愛の証拠がまったくないのでは、やはり相手に信頼を置き続けることが難しいのが人間である。相手が愛の行為を行ってくれれば、それは愛の確実な証拠ではないが、相手に信頼を置きやすくなる。だから愛の証拠を求める。

愛の証拠は、「確証する」(assurer)ということはないが、「安心させてくれる」(rassurer)のである。

こうした構造が、神の支配、そして「神の支配についての情報が作り出す現実」と、そして人間との間に存在すると考えれば、分かりやすいかもしれない。人々は神の支配の証拠を求める。それは奇跡的な出来事であったり、神学的理解の深まりであったりする。

たとえばイエスの当時においては、奇跡が新しい現実の部分的な証拠になるという通念があった。奇跡を生じさせる力がイエスにあって、実際に奇跡的な癒し等をイエスが実行したということは、ここではそのまま受け取ることにしよう。奇跡による癒しは、イエスの側としては、病気の苦しみから人々を解放するという意味以外には、ユダヤ人社会における社会宗教的差別を解消するための具体的な手段の一つでしかなかったと思われる。病人は罪人ではなかったが、多くの場合、罪人に匹敵する扱いを受けていた。しかし病気が治れば、彼らは社会復帰をすることができたからである。

しかし奇跡による癒しは、イエスが告知している神の支配の現実の証拠であると受け取られる面があった。それは誤りだと簡単に言えないために、問題が複雑になる。

奇跡による癒しは、たとえばイエス以前にも生じていたことである。そこには当時としては超自然的としか思えない力が働いており、それは神の力だとされてしまう。そしてそこには実際に神の力が働いているのかもしれない。ここでは議論が無用に煩瑣になるのを避けるために、奇跡による癒しは神の力の働きだとしよう。

しかしこうした神の力の働きは部分的なものである。確かに個々の奇跡において神の力の働きがあるということは、神が動いているということかもしれない。しかしこうした部分的な神の介入があるだけでは、社会における神学的な行き詰まりの状態——神と人との関係についての契約の概念の導入による罪の問題の発生と、そこから生じるさまざまな不十分な要因の支配の状態――は、まったく変化しない。したがって奇跡による癒しは、それだけでは神の支配の現実があることを確実に証明するものになっていない。ユダヤ教の行き詰まりを打開したのは、「神の支配」の現実についての告知であって、「神の支配についての情報が作り出す現実」の実現である。

しかし奇跡による癒しは、部分的なものであるとはいえ、神の力の働きであることに違いはない。「神の支配についての情報が作り出す現実」は、神がこの世界について肯定的に動くということを認めるものなので、神の力の働きを部分的に確認するものである奇跡による癒しが神の支配の現実を部分的に確認するものだと受け取られても、それを否定することができない。

奇跡による癒しのような部分的な神の力の働きの事実をいくらか集めても、それで神の支配の現実が全面的に実現していることにはならないし、また神の支配の現実の存在の確実な証拠にもならない。奇跡による癒しのような部分的な神の力の働きの事実は、「神の支配」の現実の存在の確実な証拠として、必要でもないし、もちろん十分でもないのである。もう少しきちんとした用語を用いるならば、これは「付帯的」「補助的」(subsidaire)な要素でしかないのである。なくてもよいが、あっても不都合ではないという要素である。

しかし人々の前には、神の支配についての情報と、この補助的な事実しかないのである。神の支配についての情報を信頼するために、人々はどうしてもこの補助的な事実を「証拠」と考えようとする。たとえば「奇跡による癒しの事実があるのだから、神の支配の現実はある」と考えようとする。

これは根本的には論理の短絡であって、誤りである。しかし人々の間にこのような態度が生じることは避けえない。人々はいくらかでも安心したいのである。そしてキリスト教の側からも、人々のこうした傾向を利用するところが生じてしまう。このこととの関連で特に大きな問題となるのは、イエスが神的なものとされるようになることである。

人々の生活スタイルはどのように変わるか

「神の支配についての情報が作り出す現実」に見合った生活スタイルの問題は、神の支配の現実についての証拠の問題と似たところがあるが、ここでは別個に検討することにする。

「神の支配についての情報が作り出す現実」が実現したことによって、その他のより不十分な要因による支配から人間が脱却することができると述べた。しかし「神の支配についての情報が作り出す現実」が実現するだけでは、人間の日常生活のさまざまな場面において、どのような態度を具体的にとるべきなのかについての指針ないし規範が、そこには具体的に示されていないのである。これは洗礼者ヨハネの洗礼という儀式による活動の際に生じたものと、同様の問題である。

こうしたことが問題となるのは、「神の支配についての情報が作り出す現実」で問題になっているのが神学的な状況の変化でしかないからである。「愛していない」（神との断絶がある）という状態だったのが、「愛している」（神の支配）という情報が伝えられた。

しかし日々の生活は何ら変わらない。そこで前述したように「証拠」を求める雰囲気が生じてくることになる。また「神の支配についての情報が作り出す現実」に見合った新たな生活スタイルが模索されるといったことも生じてくる。

「神の支配」は神からの一方的な介入であって、本来的には人々の日常生活の習慣を変化させねばならないものではないはずなのだが、このようないわば副作用が生じてくる。そして新たな生活態度の方が価値的に高いという誤解が生まれて、エリート主義が生じてくる。

ところが新たな生活スタイルが実は単なる思いつきであったりすると、神でないものを神であるかのように権威あるものとしてしまったり、さまざまな意味での自己正当化に陥ったりすることに繋がる。こうした神学的な問題には、それぞれに対処しなければならない。しかしその際に神学的な問題とそうでないものとを見極めることが容易でないことが少なくない。こうした作業を丁寧に行わないならば、キリスト教的でないものをキリスト教的だとして強制するという弊害も生じてくる。

あちこちを巡り歩くばかりで短い期間で終わってしまったイエスの活動においては、こうした作業をする余裕はなかったと言わねばならないだろう。

神殿・律法を否定したイエス

イエスが直面したと思われる具体的な問題について、もう少し見ておくことにしよう。イエスの時代のユダヤ教においては、神殿の支配・律法の支配が権威あるものとして存在していた。イエスが神の支配の現実を主張したということは、この神殿の支配・律法の支配を否定したということである。

そして既存の何らかの価値基準に従って高く評価されている者もそうでない者も、神の支配の領域に入るとイエスは主張した。これが「福音」である。第1章では、ユダヤ人と非ユダヤ人を「分け隔て」しないことが「福音」だと述べたが、これは一つの側面であり、イエスの時代よりも後に本格的に生じた展開の側面である。

イエスはこうした神の支配の現実についての情報を伝えただけである。

イエスはたとえば、イエス教団というべき集団を作って、そのメンバーになるかどうかを出会う人々のすべてに迫って、メンバーにならない者を低く位置づけるといったようなことはしなかった。つまり教会を作ろうとはしなかった。そのようなことをするならば、イエスは一方であらゆる差別の撤廃を宣言しながら、一方で独自の差別基準を打ち立てている者だということになってしまう。

しかしイエスは、もう一方で弟子集めということを行った。弟子集めは、当初は少なくとも人手不足を補うものでしかなかったと考えられる。

しかし弟子集めをしたことは、人手不足という実際的な問題に対処するために避けられないことだったかもしれないが、特にイエスの死後に大きな問題が展開する原因になる。その問題とは一言で言えば、教会ができたことである。

イエスの立場は律法を否定するものなので、当然ながらイエスは律法に依拠して語らなかった。つまり聖書に書いてあるから、これこれは正しいといったタイプの議論はしなかった。これを行ったのでは、イエスは律法主義者である。イエスが多くのたとえを用いたのは、律法主義的な議論のあり方を避けるためである。福音書にはイエスが聖書に依拠した議論をしている様子も記されているが、これは基本的には後世の教会が自分たちの立場を権威あるものとするためにこのような場面を作りだしたと考えるべきである。また「たとえを用いる理由」をイエスが解説するという場面がある（マルコ福音書四・一〇―一二）。

そこではイエスは、「たとえを用いる理由」を聖書からの引用を使いながら説明している。これも後の展開において自分たちのキリスト教的聖書主義を正当化するためのものとすべきである。後で見るように、福音書は聖書主義を復活させているのである。

イエスの立場は、神殿主義も否定する立場だった。イエスは神殿の活動には参加しなかった（ルカ福音書の冒頭における子供のイエスと神殿の繋がりの物語も、後世の教会の立場を示すものである。成人のイエスが神殿主義に反対したことは否定できないが、子供の頃にはそのような立場は確立していなかっただろうと想像できるところを利用したと思われる）。

また具体的にさまざまな神殿批判をイエスは行った。神殿の境内で商人たちの台をひっくり返すという直接行動は、そうした神殿批判の中で特に目立った行動だった。こうした直接行動が、イエスの逮捕・処刑のきっかけになった可能性が大きい。

イエスが処刑されたのは、つまるところイエスの立場が神殿主義・律法主義を否定するものだったからである。神殿主義・律法主義は、神との断絶を認めざるを得ないということから生じたものとするのが本来的な位置づけだが、こうした体制が長く続く中で、神との断絶を当然の前提として、その上で世俗的支配の手段として神殿主義・律法主義をますます強固にしようとする態度がユダヤ人指導者に生じてくるようになる。こうした硬直した神殿主義・律法主義との対立において、一人の個人に過ぎないイエスが肉体的に退けられたのである。

第6章——イエスの神格化と教会の成立

エルサレム初期共同体の誕生

本章では、初期キリスト教の展開について考察する。

イエスの処刑は、イエスが始めた運動の挫折と考えられてもよいような事件であり、ここでイエスが始めた運動が途絶えてもおかしくなかった。しかし弟子たちがイエスの活動を引き継ぐことになる。しかし弟子たちは、イエスが行っていた活動をただ同じように継続したのではない。

初期キリスト教の展開においては、さまざまな問題とその対処の試みが次々と現れ、それぞれの段階、それぞれの方向性において、後のキリスト教にとって重要な意味をもつあり方や問題が認められるが、ここではまず、イエスの処刑以降のキリスト教のあり方の基本的な特徴であり、同時に大きな問題であるイエスの神格化の問題を検討する。

イエスの神格化はエルサレム初期共同体の成立を巡って生じた。それからエルサレム初期共同体のあり方から後のキリスト教のあり方の二つの大きな原型が生じたと考えられるので、この点について考察する。さらにキリスト教の枠組みの中での聖書・儀式などの位置づけについて考えてみたい。

イエスの処刑後、弟子たちおよびその仲間に加わった者たちは、エルサレムですべてを共有する共同体――エルサレム初期共同体――を作って、共同体生活を始めた。彼らの立場に賛同する者たちはすべて、この共同体に参加しなければならなかった。これは生前のイエスの時期のあり方と比べるならば、新しい展開である。

生前のイエスの活動を巡る状況

まず生前のイエスの活動を巡るあり方について整理する。

一、一般の人々の状況

イエスの活動による神の支配の現実についての告知によって生じるところの「神の支配についての情報が作り出す現実」においては、人々の生活のあり方は特に変化する必要がないということが一つの特徴となっていた。

神の支配は神からの一方的な動きによるものであり、人間の側の何らかの特別な態度があって生じるものではないし、また神の支配の現実に対して人々の態度が変化しなければならないのでもない。人々の個々の状態がどのようなものであれ、すべての者が神の恵みの領域に入るのである。これはイエスが特にたとえを通して強調したことでもあった。

ところが困った問題が生じる。これはイエスの活動がまずはユダヤ教の社会に対してのものだったことから顕著なものとなった問題である。

神の支配の現実についての告知があっても人々はこれまでの生活のあり方を特に変更する必要はない。そうなると、一般のユダヤ人は既存のユダヤ教社会の枠内での生活を続けることになる。ところが既存のユダヤ教社会は、神殿主義・律法主義の支配の下にある。神殿主義・律法主義の支配は、根本的には神との断絶を前提としている。このために神の支配という神との積極的な関係があり得るということになっていながら、人々は神との断絶を前提とした生活を続けることになってしまう。

二、神の支配の現実についての告知への抵抗

神の支配の現実についての告知がユダヤ教社会のすべての者に肯定的に受け入れられるのではないということが、イエスの活動を通して明らかになる。これにはさまざまな原因があり得ると思われる。特に問題となったのは、やはり神との断絶を前提とした神殿主義・律法主義のあり方である。神殿主義・律法主義のあり方を具体的に管理する者であるところのユダヤ教の指導者たちの判断によって、イエスは退けられてしまう。イエスの処刑は、神の支配の現実についての告知を拒否する勢力が根強く存在する端的な証拠となっている。

三、一般の人々との関連における弟子たちの状況

弟子たちは自分たちのそれまでの一般ユダヤ人としての生活を捨て、イエスと共に活動した者たちである。人々に情報を伝えるという作業において人手不足の問題が生じて、弟子集めが行われることになった。

イエスは町や村を巡り歩くというタイプの活動を行っていたので、こうしたイエスに協力して同じように町や村を巡り歩くという活動をするためには、自分の仕事の合間に時折こうした活動もするといったことは不可能である。いわばパートタイムでイエスに協力するということは、実際上できなかった。

弟子たちは、イエスと共に移動しながら共同生活を行い、神の支配の現実に直接的に関わる仕事に専念するということになる。こうした生活は、神の支配の現実についての告知によって生じる新しい現実において生じた新しい生活である。

神の支配の現実についての告知があっても人々はこれまでの生活のあり方を特に変更する必要はないはずなのだが、ここにおいて神の支配の現実についての告知の故に新しい一つの生活スタイルが生じることになった。

ただし弟子たちのこうした新しい生活スタイルは、神の支配の現実についての告知の作

業のために致し方なく生じたもので、いわば便宜的なものだった。新しい生活を弟子たちが行っていても、それで他の人々と比べて彼らが、神の支配の現実の枠内で神学的に特に高く位置づけられるのではない。

四、イエスとの関連における弟子たちの状況

イエスとの共同生活における弟子たちの役目は、情報の告知者としてのイエスの作業をイエスに代わって手広く行うことである。実際に弟子たちがあちこちに派遣されて、イエスが行っていたのと同じ活動を行うということがあったようである。したがって弟子たちは、イエスと同じような情報の告知者であり、イエスと同等の者だった。

しかし弟子たちがこのような活動を行うことになったのは、イエスに従ったからであり、また具体的な活動に関して、イエスから指導を受けるということもあっただろう。したがって弟子たちには、イエスに従うという面もあった。弟子たちには、一方でイエスと同等の者であるという面があり、他方ではイエスに従う者であるという面があったのである。

エルサレム初期共同体を巡るあり方

次にエルサレム初期共同体を巡るあり方について見てみたい。生前のイエスの活動を巡

るあり方の各項目との比較をしながら考えてみる。

一、一般の人々の状況

一般の人々は二分されることになる。共同体の領域と既存のユダヤ教社会の領域という二つの領域が生じて、両者は相容れないものなので、人々はどちらかに属することになる。エルサレム初期共同体においては、神の支配の現実についての告知に賛同するすべての者が、共同体のメンバーにならねばならないとされていた。共同体のメンバーにならない者は、神の支配の現実についての告知に賛同しない者だということになる。

新しい領域で生活する者を、既存のユダヤ教社会の枠内にとどまる者と区別して、「キリスト教徒」と呼んでよいだろう。

このことによって、神の支配の現実についての告知に賛同しながら、神との断絶を前提とした生活をしなければならないという問題が解決されたことになる。

しかし神の支配の現実の全体性——神の支配の現実はすべての者に関わるという性質——が、退けられた形が生じてしまったことになる。

二、神の支配の現実についての告知への抵抗

神の支配の現実についての告知を肯定的に受け入れない者たちは既存のユダヤ教社会の枠内にとどまり、そうでない者は共同体のメンバーになるので、神の支配の現実についての告知への抵抗が、共同体の領域と既存のユダヤ教社会の領域という二つの領域の対立という具体的な形で表現されることになる。

三、一般の人々との関連における弟子たちの状況

生前のイエスの時期には、弟子たちと一般の人々は神学的には同等であり、生活スタイルの面で二分されていた。

これに対してエルサレム初期共同体においては、弟子たちおよび一般の人々の一部からなる者たちと、その他の一般の人々とが、神学的にも生活スタイルの面においても二分されることになる。

四、イエスとの関連における弟子たちの状況

生前のイエスの時期には、イエスと弟子たちは神学的には同等だった。彼らと一般の人々も同等である。しかし実際の活動において弟子たちには、イエスに服従する面があった。

エルサレム初期共同体においては、イエスは神格化される。共同体のメンバー（弟子たち

および一般の人々の一部）はこのイエスに服従した者である。

既存のユダヤ教社会の枠内にとどまる者たちは、神格化されたイエスに従わない者だということになる。

人間を二分したエルサレム初期共同体

生前のイエスの時期の状況からエルサレム初期共同体を巡る状況への変化は、たいへんに重要な問題なので、図を用いてもう一度確認する。

生前のイエスの活動から生じる現実のあり方はすでに（百七十七ページ）14図に示した。これにイエスと弟子たちの位置づけを加えたのが次ページの15a図である。イエスの立場と弟子たちの立場は神学的には同等だが、実際的に弟子たちにはイエスに従う面があった。この図では弟子たちはイエスに従属したものとして示した。イエスと弟子たちは、神の支配の現実の効果が社会におよぶようになるための情報の告知者集団に過ぎない。この図では、彼らは社会の上に位置しており、神との距離という点では、社会よりも神に近い位置にある。

しかしこれは告知という作業のためにこのような位置づけになるだけであって、彼らが社会の一般の人々よりも本質的に優った者とされている訳ではない。そして実際的には、

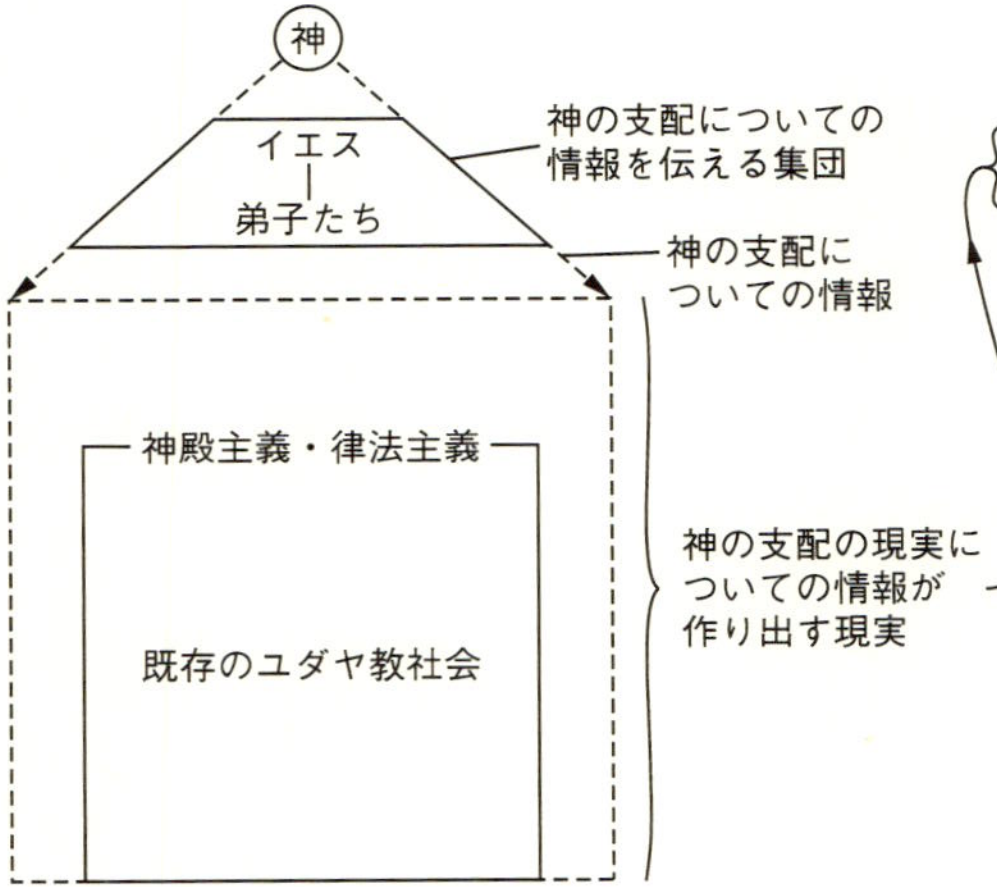

15a図　生前のイエスと弟子たちの立場

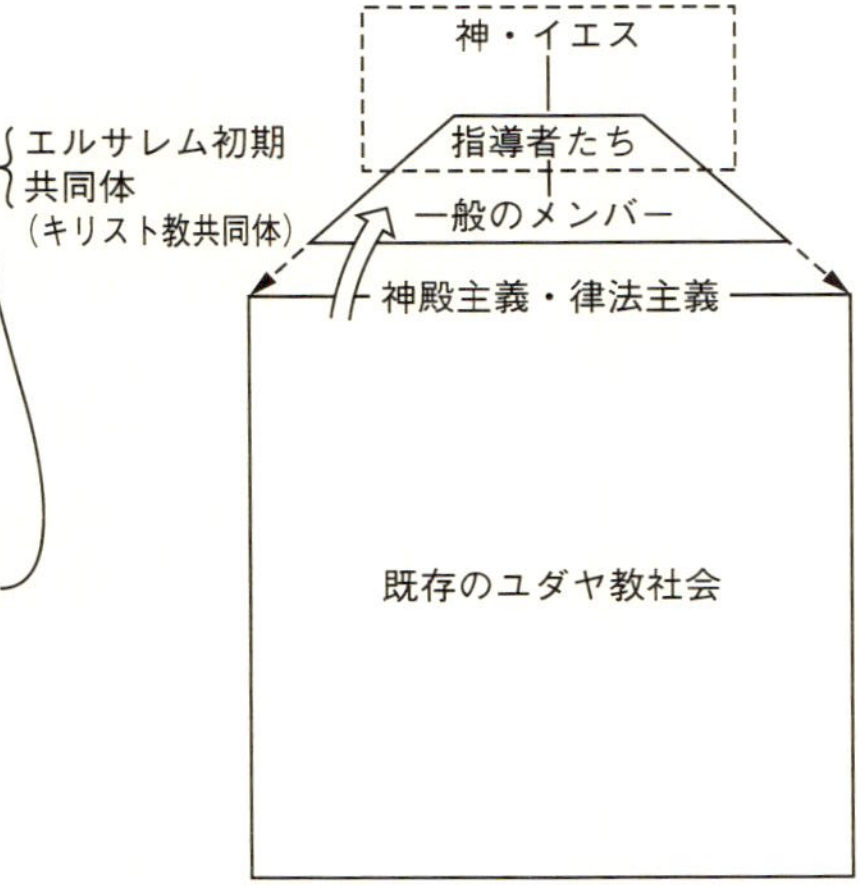

15b図　エルサレム初期共同体の立場

一般の人々は既存の社会の中で従来と同じスタイルの生活を行うことになる。

15a図の場合には、人間の間に本質的な違いが生じるということがなかった。イエスおよび弟子たちと一般の者たちの区別はあくまで便宜的なもので、本質的なものではなかった。既存のユダヤ教社会を取り囲むようにして、点線で示した四角の領域が生じている。この領域は、神の支配の現実についての情報が作り出す社会領域である。既存のユダヤ教社会の中にいようが外にいようが、神の支配の観点からは、本質的違いはないのである。イエスや弟子たちも本来的にはここに属している。また既存のユダヤ教社会において「罪人」などと言われて差別されていた者も、この点線の領域に入ることになる。

15b図は、エルサレム初期共同体を巡るあり方を図示したものである。ここでは既存の社会での生活のあり方を捨てて新しいスタイルの生活を行う共同体が、既存の社会から離れて成立している。これは生前のイエスの時期に、弟子たちがイエスに従って新たなスタイルの生活を行った場合と似たものとなっている。

15b図においては、神の支配の現実についての情報を肯定する者はすべて、この共同体のメンバーになる。したがって従来のものと同じスタイルの生活を行う者は、神の支配の現実についての情報を肯定する者ではないということになる。

15b図では、弟子たちおよびその仲間たちと、その他の者たちとの区別が本質的なものになっている。神の支配の現実に対応した者になりたいのならば、エルサレム初期共同体のメンバーにならねばならない。したがって15a図にあった点線の四角の領域は消えている。神の支配の現実についての情報を肯定するか否かによって、生活スタイルが異なる二種類の人間が生じていて、両者の間には本質的な違いがあることになる。

エルサレム初期共同体については、次の二つの根本的な問題があると考えられる。

①人間を二分するような状況を生じさせることは、神の支配の現実の全体性の原則とは相容れないように思われる。

②エルサレム初期共同体における具体的な生活スタイルが、本当に神の支配の現実に対応するものなのかどうか。

このような問題が生じるにもかかわらず、神の支配の現実と結びついた形でエルサレム初期共同体への参加を人々に迫る活動が選択されたのは、新しい生活スタイルを具体的に示すことによって、神の支配の現実についての告知に賛同するか否かによる対立を二つの宗教社会的領域の対立という形で具体的なものにするためだったと考えざるを得ない。人々が神との断絶を前提とした社会生活を送らざるを得ない状況を実際的に打開するということがどうしても必要だと考えられたのである。

言い換えるならば、神の支配の現実の全体性の原則をあくまで尊重して、すべての人々の神学的な位置づけを保持するか、一部の人々の宗教社会的なあり方（生活スタイル）を神の支配の現実に具体的に見合った形にするかという二者択一の前で、後者が選択されたということである。神学的原則よりも宗教社会的な必要を優先させる選択が行われていることになる。神の支配（神の国）の原則の徹底した維持よりも、「教会」の成立に向かう方向への選択だということになる。

こうしたあり方は「神のことを思わず、人間のことを思っている」（マルコ福音書八・三三）といった批判を受けることになる。

イエスの神格化は、こうした思い切った選択との関連において有効な機能をもっていると思われる。

イエスの神格化の果たした役割

イエスの神格化はエルサレム初期共同体における宗教社会的に排他的な生活スタイルを正当化する機能を主眼として強調されたと考えられる。後には、当初のこの目的自体の必要性が後退してしまう。しかしイエスの神格化が、まずはエルサレム初期共同体における生活スタイルを権威あるものとするという動機から生じたことは重要である。

生前のイエスの時期に弟子たちがイエスと共に行っていた共同生活が、エルサレム初期共同体の生活スタイルのモデルになっていたと考えてよいと思われる。これまでの段階において、既存のユダヤ教社会の生活スタイルの外で、神の支配の現実についての告知の故に生じた新しい生活スタイルは、弟子たちがイエスと行っていた共同生活しか存在しなかったのである。

また神格化されたのがイエスであったことについては、イエスとの共同生活の際にイエスに弟子たちが従うという面があったこと、またイエスの処刑によってイエスの立場と既存のユダヤ教社会の立場が相容れないものであることがはっきりしていることは、必要な条件だったと考えるべきだろう。

そして重要なのはイエスの神格化がどのような機能をもつかということである。

イエスの神格化は、イエスの復活と高挙《こうきょ》（イエスが高く挙げられて、神の右にいるとされること）という奇跡があったという主張において証明されたことになっているところがある。

こうした奇跡が生じたとされていることに対して、実はこのような奇跡は生じなかったのではないかと議論を繰り広げても、あまり豊かな結論には至らないだろう。奇跡については文字通り受け取ることにする。重要なことは、これらの奇跡の事実を弟子たちが、外部に向かってこの上なく強調したということである。

奇跡は他にも数多く生じていた。奇跡的な癒しといった程度の奇跡ばかりでない。復活も高挙も、イエスだけに生じたこととは言い難い。ユダヤ教の聖書にも、たとえばエリヤによる子供の復活（列王記上一七・一七以下）やエリシャによる子供の復活（列王記下四・三二以下）の記述があり、エリヤが天に上っているし（列王記下二・一一）、エノクについての記述にもそれらしきところが認められる（創世記五・二四）。新約聖書に記されている記事においても、ラザロの例（ルカ福音書一六・一九以下、ヨハネ福音書一一・一以下）やイエスと共に処刑された強盗の一人でイエスによって「あなたは今日わたしと一緒に楽園にいる」（ルカ福音書二三・四三）とされている者の例がすぐに念頭に浮かぶ。

したがってイエスの復活と高挙がことさらに強調されたのは、これらが単に奇跡であるからだけではない。これらの事実を強調することが、エルサレム初期共同体の存在を根拠づけるものとしてうまく機能したからだと考えざるを得ない。

奇跡は神の力の働きであるとしても、イエスの復活と高挙だけではイエスの神格化の十分な証拠にはなっていない。イエスの神格化を支持するその他のさまざまな議論が数多く出現するのもこのためである。しかしそうした議論も十分な根拠にはならないのである。エルサレム初期共同体の生活スタイルを正当化することは、このような無理な企てを行ってまでも実行されねばならないとされていたのである。

イエスの神格化は、次のような根本的な機能をもつと考えられる。

一、「エルサレム初期共同体のあり方が、神的根拠に基づいたものになる」

エルサレム初期共同体のメンバーになることは、「イエスに従うこと」だとされている。イエスが神的なものとされることで、イエスに従うことは人間であるイエスに従うことではなく、神的権威に従うことになる。エルサレム初期共同体の成立の根拠が神的なものになる。

エルサレム初期共同体における新しい生活スタイルは、人間が恣意《しい》的に選んだものではなく、神的な権威に根拠を置くものだということになり、神の支配の現実に見合ったものであることがはっきりする。神の支配の現実に賛同する者がエルサレム初期共同体のメンバーになる理由が、神的な権威によって説明できるようになる。

二、「エルサレム初期共同体のあり方と既存のユダヤ教社会のあり方との本質的相違が、はっきりする」

イエスが神格化され、そのイエスに従うことがエルサレム初期共同体に参加することだということになると、この共同体における新しい生活スタイルが、既存のユダヤ教の枠組みにおける生活スタイルとは別のものとして確固として成立する。

既存のユダヤ教の枠組みにおける生活スタイルは、神殿主義・律法主義によって支配されていた。これはいわば神殿主義・律法主義の支配による生活スタイルである。これは神との断絶を前提としたものである。エルサレム初期共同体に参加することによって、既存のユダヤ教の枠内における神との断絶を前提とした生活にとどまらなくてもよいことになる。

しかし神殿主義・律法主義における神との断絶は、神との契約が実行されないという意味での断絶であって、神との関係がまったくなくなっているのではない。既存のユダヤ教社会における生活スタイルも、神に繫がるものだと主張することは可能である。

こうした状況においては、エルサレム初期共同体の新しい生活スタイルが神の支配の現実に見合ったものだと主張するだけでは、なぜエルサレム初期共同体にどうしても参加しなければならないかが説得的でないことになる。エルサレム初期共同体における生活は神に繫がっているものかもしれないが、既存のユダヤ教社会の枠内における生活も神に繫がったものではないとは言い切れないからである。

これに対して、エルサレム初期共同体の生活が神的なイエスに根拠を置くものだと主張するならば、エルサレム初期共同体における生活が新しい意味での「神の支配」――神殿主義・律法主義の支配とは別の神の支配――に根拠を置くものであること、そしてこれを認めることは既存のユダヤ教社会における生活に意味がないとすることがはっきりする。

イエスの立場が神殿主義・律法主義と対立するものであることははっきりしており、そのようなイエスに従うことはエルサレム初期共同体に参加することであり、既存のユダヤ教社会の枠内にとどまることはイエスに従うことではないからである。「イエス」なのか「神殿主義・律法主義」なのかという二者択一が生じることになるからである。

このように考えると弟子たちが「イエスの名によって語る」ということに固執したことも了解できるようになる。またユダヤ教当局が弟子たちに圧力をかける際に「イエスの名によって語る」ことを繰り返し禁止しようとしたことも、これに対応している。神的なイエスの権威によって正当とされるのはエルサレム初期共同体の生活スタイルだけであって、これは既存のユダヤ教の枠組みを否定するものだからである。

したがってイエスの神格化は、エルサレム初期共同体の成立・存続の根拠を神学的に確固なものとし、また既存のユダヤ教社会の神殿主義・律法主義の立場と相容れないことをはっきりさせるためにどうしても必要な機能を担うものだということになる。だからこそイエスの神格化が重要になるのである。

エルサレム初期共同体の破綻とイエス神格化の変化

しかしイエスを神と同一視できるのだろうか。エルサレム初期共同体の成立によって生じた状況を「神格化されたイエスの支配」と呼ぶとするならば、「神の支配」とこの「神格化されたイエスの支配」は同一のものなのだろうか。

復活と高挙という奇跡やその他の議論がイエスの神格化の十分な根拠とならないことは、すでに見た。それでもイエスの神格化が強調されるのは、この選択が合目的になされているからである。

しかし神格化されたイエスに従うことはエルサレム初期共同体に参加することだという主張が、いたって実際的なさまざまな問題が生じたために維持できなくなる。

こうした問題として手元の資料から分かることは、

a 貧困層出身のメンバーが増えることですべてを共有する共同体の原則が崩れて、経済的に共同体生活を単純に維持することが難しくなったこと

b 特に神殿の位置づけについて大きな立場の違いが内部に生じたこと

c最初はアラム語を母国語とするものばかりがメンバーだったが、ギリシア語を母国語とするメンバーが増え、こうした文化的対立が他の対立と絡み合って共同体が分裂したこと

dそしてキリスト教運動がエルサレムの外に本格的に広がるようになったことなどである。

エルサレムではそれでも共同体生活を続ける者たちがいたようだが、他の町でも同じような共同体を作らねばならないということになっていなかった。エルサレムにおけるすべてを共有する共同体が神の支配の現実に対応する唯一の生活スタイルだという立場は、事実上維持できなくなったのである。

そしてエルサレム初期共同体に見られたような共同体生活スタイル以外の生活スタイルが採用されても、そのことでキリスト教徒でないとはいえなくなった。

神学的に絶対的だとされていたかのような生活スタイルが、条件の変化に対応するために相対化されてしまったのである。つまりエルサレム初期共同体の生活スタイルは絶対的だというキリスト教指導者たちの主張は、実は相対的なものでしかなかったのである。

ある生活スタイルが絶対的だという主張は、その内容においては絶対性が主張されている。しかしその主張自体が相対的である。

この問題は、キリスト教指導者たちの態度が欺瞞《ぎまん》的だといった非難をして済ましてしまってよいものではない。重要なことは、「神格化されたイエスの支配」の状況においては、このイエスの権威を背景にして指導者たちが、実は相対的でしかないあり方を、個々の状況において絶対的だと主張することがあり得るということである。

イエスの神格化の主眼は、具体的な新しい生活スタイルを正当化することにあった。そしてこの具体的な新しい生活スタイルとは、エルサレム初期共同体の生活スタイルでなければならないはずだった。ところがエルサレム初期共同体の生活スタイル以外の生活スタイルで、指導者たちによって適切だと判断された生活スタイルも、神格化されたイエスの権威によって神学的に正当化されているのである。

「神格化されたイエスの支配」は、実は神格化されたイエスの権威を背景にした指導者たちによる支配になっていると言うことができる。これが単純な「神の支配」でないことは明らかだろう。

イエスの神格化は、エルサレム初期共同体の生活スタイルを正当化する機能をもつものとして生じたのかもしれない。しかし一度イエスの神格化が定着すると、キリスト教的だとされるあらゆる生活スタイルを正当化することのできる神的根拠として機能するようになる。

この場合にどの生活スタイルが「キリスト教的」なのかを判断するのは、やはり人間であって、それはキリスト教指導者たちである。キリスト教指導者たちの判断によって「キリスト教的」だとされた生活スタイルは、神格化されたイエスの権威によって神学的に根拠づけられる。

つまり個々の状況において何が神学的に絶対的なのかを人間が判断しているのである。キリスト教指導者たちは、弟子たちに特殊な生活スタイルを採用するように命じたイエスのようになっているのであり、そのイエスに代わってキリスト教指導者となった弟子たちとその後継者たちが、人々に特殊な生活スタイルを採用するように命じているのである。そしてそのイエスは神格化されているので、キリスト教指導者たちの判断が神学的に絶対的なものとされるのである。

キリスト教指導者たちは「イエスのように」なることによって「神のように」なっているのである。しかしかつてのユダヤ教において生じたような知恵による自己正当化の場合と必ずしも重ならない面もある。それはキリスト教指導者たちが選択するあり方には相対的だとされているところがあるという点である。指導者たちの指導を受ける者たちにとっては指導者たちの個々の判断は神学的に絶対的なものとされるかもしれないが、この判断は、神が自分の判断を変化させることがあり得るのと同じように変化し得るのである。

こうしたこと——個々の状況において何が神学的に絶対であるかが指導者たちの判断によって決められるのだが、そうした指導者たちの判断は根本的には相対的であるというあり方——が生じたのは、やはりイエスの神格化がエルサレム初期共同体の生活スタイルを正当化する機能をもつものとして生じたところにそもそもの原因があり、そしてより直接的には、エルサレム初期共同体の生活スタイルが相対的であることが実際的に否定し難くなっても、イエスの神格化を維持したからだと言うことができる。

エルサレム初期共同体への参加が強制されている状況においては、
①イエスは神的な存在である
②イエスに従うべきである
③イエスに従うことは具体的にはエルサレム初期共同体のメンバーになることである
これらの三つの条件が満たされねばならなかった。
そしてこれらの三つの条件がすべて満たされていたので、人々にとってエルサレム初期共同体の生活スタイルが絶対的なものとなり、この共同体生活への参加が強制されたのである。

ところがエルサレム初期共同体の生活スタイルが相対的なものとなった。つまり他のタイプの生活スタイルもキリスト教的なものとして受け入れられるようになる。とするならば①②③が同時に成立しているという主張に間違いがあることになる。

これは右の三つの条件のうち③の条件だけが崩れたのだと、簡単には考えられてしまうかもしれない。しかし三つの条件は互いに密接に結び付いている。③が成立しなくなったのならば、「イエスに従う」ということがなくてもよいのではないかということになる。とするならば②の条件も崩れることになる。しかも①の条件が成立しているならば、イエスは神的であって、神的な者には従うべきだから、②が崩れるはずがない。②が崩れないなら、③も崩れるはずがないのである。逆に言うならば、③が崩れるなら、②も崩れ、そしてイエスに従う必要がないならば、イエスは神的な存在ではないということになるので、①も崩れるはずである。

ところでイエスが一旦神格化した状況（①が成立した状況）においては、たとえ③が崩れるという事態が生じても、①を崩すことができない。

イエスは神的だと主張されていたのである。このような主張が成立しないということは、少なくとも「イエスは神的でないかもしれない」ということを受け入れざるを得ないことになる。ところで神的でないかもしれない者を神的だと主張することは、神学的には決定的な誤りである。つまり「イエスは神的だ」という①の主張を相対化することはできないのである。とするならば、「イエスに従うべき」という②の条件も相対化できない。そこで③の条件だけが相対化され、それが実際に主張されるキリスト教指導者たちの立場になったのである。

このことは③の相対化を受け入れながら、そこから②と①の相対化が当然生じるはずなのに、その②と①の相対化を受け入れないという判断があることを意味する。こうした判断が正当だと主張しているのも、キリスト教指導者たちである。

生活スタイルの選択が相対的でもよいという立場は、③の相対化に対応している。しかし、個々の状況で選択された生活スタイルが神学的に絶対だという立場は、①と②を相対化しないという選択に対応している。

ところで論理的にはイエスは神的ではないかもしれないのである。しかしイエスはあくまで神的だとされているのである。神的でないかもしれない者を神的だと主張することができるのは神だけである。しかし地上において実際にイエスはあくまで神的だと主張しているのは、指導者たちである。

指導者は「聖霊に満たされている」という考え方

こうなると指導者たちの神学的な位置づけが問題となる。個々の状況においてどのような生活スタイルが神学的に適切かを判断することができるとされている点において、そして神的ではないかもしれないイエスを神的だと主張することにおいて、指導者たちは神にしかできないはずのことを行っているのである。

指導者たちが単なる人間であるならば、このようなことはできないはずである。ここに、神との直接的で実質的な関係が自分たちには実現されているという指導者たちの主張の意義があることになる。さまざまなタイプの主張がなされたが、ここでは彼らが「聖霊」に満たされているという主張を代表的なものとして取り上げることにする。

聖霊に満たされている者は、預言者のようだと言えるかもしれない。しかし預言者は、個別的な問題に限って神からの指示を伝える役目を負うだけである。キリスト教の指導者たちは人間の姿をしているが、この世において「神のよう」であることを神から認められた者である。刻々と変化する状況に適切に対処していくためには、指導者が刻々と判断できなければならない。預言者を通じての介入や、またそれぞれの場合に応じて神託を仰ぐという方法が採用されなかったのは、散発的な神の介入ではその正当性の吟味が困難かつ煩瑣で、刻々と変化する新しい生活スタイルを継続的に正当化することが難しいという問題があったためと思われる。

神格化されたイエスの支配は、具体的なキリスト教的生活スタイルを正当化することに主眼がある。ところが具体的なキリスト教的生活スタイルは、個々の状況においては神学的に絶対的だとされるのだが、実は刻々と変化する状況に合わせて刻々と生活スタイルも対応して変化しなければならない。この具体的なキリスト教的生活スタイルの相対性に対応しながら、それぞれの生活スタイルを神学的に絶対的だとすることを保証するのが、聖霊に満たされたところのキリスト教指導者たちである。

エルサレム初期共同体を巡る状況を示した15b図(二百六ページ)を、もう一度見ていただきたい。「神」「イエス」「指導者たち」が、点線の四角の中に入っている。エルサレム初期共同体の生活スタイルが相対的であることが明らかになるにおよんで、この三者が神的な領域に入っているとされたことを示したものである。

したがって、キリスト教共同体のメンバーに、二種類の人間が生じていることになる。神と直接的に繫がっている(聖霊に満たされている)とされる「指導者たち」と、そうでない「一般のメンバー」である。

このようなことが生じたのは、具体的なキリスト教的生活スタイルの正当性を維持しようとしたからである。そしてもっと根源的には、エルサレム初期共同体以外のキリスト教的生活スタイルが生じても、それを神学的に正当化するために、イエスの神格化を維持したからである。

「神の愛」とイエスの神格化は対立しないか

このことについて、もう少し検討を加えておく。

イエスの神格化の問題は、さまざまなキリスト教的生活スタイルの正当化がどうしても必要なのかという問題として考えられるべきだということになる。最初の具体的なキリスト教的生活スタイル――エルサレム初期共同体の生活スタイル――が神学的に正当化されねばならなかったのは、弟子たちが直面した社会が神との断絶を前提とする既存のユダヤ教社会だったからである。しかしキリスト教運動の規模が拡大しても、さまざまなキリスト教的生活スタイルの正当化は何としても維持されることになる。

しかし、既存の生活スタイルを捨てて、どうしても「キリスト教的」とされる生活スタイルを採用しなければならないわけではないかもしれない。

イエスの神格化、指導者たちの神格化といった方向への展開は、神と人との関係についての理解をさまざまに深化させて、豊かなものを生み出した。しかしこの方向において問題になっている「神と人との関係」は、神の支配の現実についてでは情報だけしか与えられていないという状況において、人間の側から何としてもこの神の支配の現実に対応した姿勢を見せたいという動きから生じたものでしかないだろう。ところが神の支配の現実の実現は、人間が主体的にどのように対応するかに依存しないのである。

神の支配は、神が世界に全面的かつ積極的に関わろうとすることなので、これを「神の愛」と呼んでもよいだろう。とすると、神の愛は人間の態度に依存しないということになる。もちろん神の愛に応えようとすることにはそれなりの価値があるかもしれない。しかし神の愛に対して人間がどのように応えるかは、神の愛のあり方を左右するものではない。人間の側が然るべく反応するから、神は人間を愛するのではない。神の愛は、人間のあり方に依存しない。

しかしこれでは、人間の側がどのように対応しても、それには本質的な価値はないということになってしまう。ところが、人間には自分の何らかの対応を本質的な価値があるものとしたいという欲求がある。そのためこの欲求が社会的に何らかの形あるものに表現されてしまうということが生じる。

そして人間の一部を神格化するといった大きな問題が生じてしまうのである。しかも神の愛が情報でしかない段階で、しっかりした根拠（神の支配の実質的な現実）があるべくもないのに特定の生活スタイルに神学的価値があるとしてしまうことは、神の愛のあり方を無視した態度だとされてしまうかもしれない。

神の愛のあり方を無視して、人間の側で何とか「ふさわしい」態度をとることが本当に必要なのだろうかということになる。新しい「キリスト教的生活スタイル」は、ユダヤ教社会との対立の状況ではある程度必要なものだったかもしれない。しかし既存のユダヤ教との対立がはっきりとして、ユダヤ教の律法主義的態度の神学的意義もそれなりに明らかになっている状況においても、「キリスト教的生活スタイル」を維持し、それを一般化することには問題がある。イエスを神格化し、そして一部の人間を神格化するといったようなことをせず、神のみを神として、神の支配の現実の実質的な実現を待ち望むことが人間的な態度として神学的には限度なのかもしれない。

もう一つ確認しておく。イエスや一部の人を神格化することは、一神教の原則と矛盾することであるように思われるかもしれない。神的とされる者がいくつも存在するようになっていることは、確かである。この意味でキリスト教は、一神教的であるユダヤ教の多神教的適応だとされることもあり、こうした観察には適切なところがあるかもしれない。しかしこうしたさまざまな神格化が、一つの神の支配の実現との関連でなされていることも確かである。

原則的には一神教的でありながら、実際的には多神教であるというこうした奇妙な状態が生じているのだが、これもやはり一神教的であるはずの神が、その支配を十全に実現させていないことが原因だと言うべきである。また「神」「神格化されたイエス」「聖霊（および聖霊に満たされているとされている者たち）」のあり方についても、キリスト教のすべての流れが一様に同じ立場を採用しているのではない。すぐ後で検討するキリスト教の二つの大きなタイプの間でも、このことについての立場は異なっている。キリスト教の多神教的側面について、流れによって立場が一定していないことは、この面についての判断に人間的なところがあり、相対的なところがあることの証拠にもなっている可能性がある。

人の二分化の問題

もう一つの人間の二分化の問題、すなわちキリスト教的スタイルを採用する者とそうでない者との問題も検討しなければならない。

エルサレム初期共同体の出現によって、共同体生活に参加する者としない者とに人間が二分されることになり、これが神の支配の現実の全体性の原則と相容れないものであることはすでに指摘した。二つの領域の対立が生じたのは、エルサレム初期共同体の生活スタイルが神学的根拠のあるものとされたからである。この問題は、他の生活スタイルが出現してからも、同じように存在することになる。

こうした問題が生じるのは、すでに述べたように、個々のキリスト教的生活スタイルが神学的に絶対であるとする指導者たちの選択に人間的判断が混入しているためである。しかしキリスト教共同体に参加するということには社会的な行為としての面があって、その決定については参加しようとする者の判断がどうしても混入する。そのような判断は人間的なものであるように見えても実は「神の導き」によるものだといった解釈を適用することは不可能ではない。しかしキリスト教のさまざまな流れにおいて、必ずしもこのような解釈が採用されていないのも事実である。聖霊が指導者たちだけに与えられているとする立場は、その端的な例である。

したがって、人々は自分の人間的な判断によって神の支配の現実に対応するとされている生活スタイルを受け入れたり拒否したりできるとされているのである。これは、人間が神を受け入れたり拒否したりできるとされていることであり、「何が良いか」の判断を人間ができるとされていることになる。しかし神が誰に恵みを与えるかが、個々人の判断によって左右されるということはあり得ないはずである。

こうした問題が生じたそもそもの原因は、神の支配の現実について人間に与えられているのが情報だけでしかないからである。また神はさらに具体的かつ実質的に介入しているのかもしれないが、その介入が部分的でしかなく、たとえば聖霊が一部の者にしか与えられないからである。

個人的に聖霊に導かれている場合は別として、何らかの具体的な生活スタイルを社会的に公式のものとして提案して、人々に参加するかどうかの判断を迫るということには、どうしても正当性に不十分なところがある。

いま指摘した二つの問題を整理しておこう。

イエスの神格化は、具体的なキリスト教的生活スタイルの正当化の機能をもっている。ところがイエスの神格化は、当初はエルサレム初期共同体の生活スタイルだけを正当化するためのものだった。しかし他のキリスト教的生活スタイルが生じても、イエスの神格化は維持される。このためにキリスト教指導者たちも、聖霊に満たされているという位置づけにおいて神格化される。

したがってキリスト教的生活スタイルの採用については、神との実質的な関係をもっている者たち（指導者たち）の場合と一般の者たちの場合の二つの場合がある。

指導者たちは、神による直接の導きによってキリスト教的スタイルを採用しているのかもしれない。しかし一般の者たちは、人間的判断で自分の態度を決めねばならない。神格化されたイエスに従うことは、具体的なキリスト教的生活スタイルを採用することだという指導者たちからの情報について、神の直接の導きによって判断することは一般の人々にはできないのである。しかし宗教社会的には、指導者たちの提案を受け入れるものが神との関連において価値あるものとされ、このことによって宗教社会的に人々が二分されることも確かである。

神学的立場を巡るエルサレム初期共同体の分裂

ペトロを中心とする弟子たちは、エルサレムで初期キリスト教共同体を作る。これは財産共有制の共同体で、メンバーは信念や気持ちの上ばかりでなく、経済的にも(財産共有制)そして社会的にも(具体的に毎日、生活を共にする)一体となっていた。これはイエスに従っていた弟子たちの移動する共同生活を、エルサレムという町に定着して実行したものである。

しかしこの共同体は、貧困層出身のメンバーが増えることによって、経済的に経営が難しくなり、その他さまざまな要因からの問題も生じてくる。しかし共同体の分裂としてもっとも重要なのはヘレニストのグループの分裂である。これ以降、二つのタイプの流れがキリスト教の歴史の中で対立し合うことになる。

ヘレニストの分裂そのものについて、ここで詳しく検討する余裕はない。簡単に言うならば、基本的にはアラム語を話すユダヤ人出身キリスト教徒だけで構成されていたエルサレム初期共同体に、ギリシア語を話すユダヤ人出身キリスト教徒が加わるようになって、使用言語の観点からエルサレム初期共同体に二つのグループが生じることになった。このギリシア語を話す者たちの中でもかなりはっきりした反神殿の立場をとる者たちが「ヘレニスト」である。共同体の主流であるアラム語グループは、神殿制度について比較的穏健な態度を取っていた。ヘレニストたちは過激な反神殿の立場を明確にしたために既存のユダヤ人社会から迫害を受けてエルサレムから追放され、その迫害の際にエルサレム教会の主流派がヘレニストを助けなかったことから、両者の対立が決定的になった。

しかし分裂のこうした具体的経緯よりも重要なのは、両者の社会的な面における神学的立場の相違である。神の支配がどのように社会に反映されるのかについての見解が異なっているのである。

使徒行伝八・四―二五に記されているフィリポのサマリア伝道のエピソードには、この両者の典型的な姿が並べて示されている。

ヘレニストのグループの指導者は「七人」と呼ばれるグループで、その筆頭はステファノという人物だが、彼は殉教してしまう。フィリポは「七人」グループの第二人者である。「七人」については使徒行伝六・三で「霊と知恵に満ちた」者とされており、また六・八ではステファノについて「恵みと力に満ちている」とされている。また六・一〇ではステファノは「知恵と霊によって語る」とされている。また七・五五では、殉教直前のステファノは、「神の栄光と神の右に立っているイエス」を見る。また八・三九では、フィリポは「主の霊が連れ去った」とされている。ヘレニストについてはこのように「霊」「知恵」「力」といった用語が繰り返し用いられており、彼らが神と直接結び付いているということが特に強調されているということになる。

使徒行伝八・四—二五のエピソードは、エルサレムでのステファノの殉教、それに続くヘレニストへの迫害の物語のすぐ後に記されている。

エルサレムでの迫害によってエルサレムから逃げたフィリポは、サマリアに来る。フィリポは「神の国(支配)とイエス・キリストの名についての福音を告げ知らせる」。人々は「信じ」、そして「洗礼を受ける」(一二節)。ところがこれ以降、フィリポは場面から姿を消してしまう。

そしてエルサレム教会からペトロとヨハネがサマリアに来る。人々は「主イエスの名によって洗礼を受けただけで、聖霊は誰の上にも降っていない」という状況にある(一六節)。そこでペトロとヨハネが人々の上に手を置くと、人々は「聖霊を受ける」(一七節)。

ここには神との関係についての、次のような二つのタイプのあり方が認められる。

「神のことを思う」

16ａ図を見ていただきたい。これがヘレニストの場合である。ヘレニストの指導者たち（ここではフィリポ）は、神と直接に結び付いている。フィリポは人々に、神の支配についての情報を既存の社会の人々に与える。一部の人々が「信じる」という態度を採用する。これは神の支配についての情報に信頼を置く態度であり、「信仰」と呼んでよいだろう。

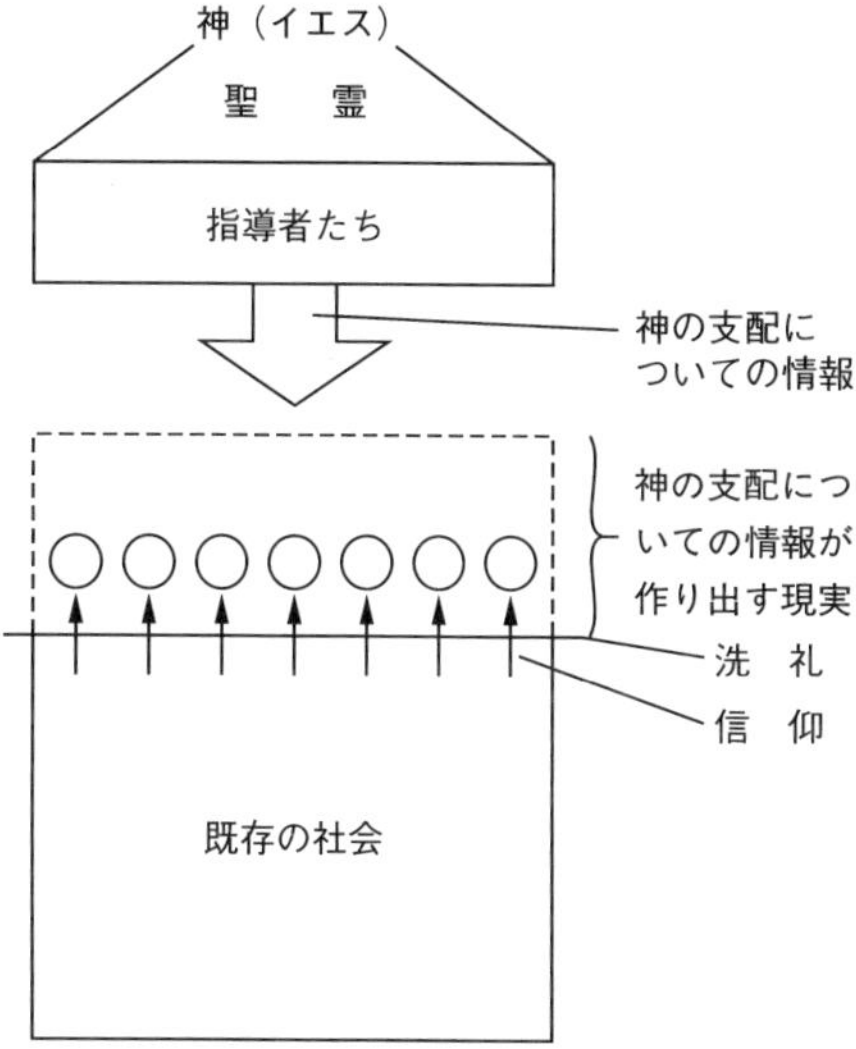

16ａ図　ヘレニストの立場

この「信者」に対してフィリポは、「イエスの名による洗礼」という儀式を行う。しかし信仰と洗礼だけでは一般の人々は聖霊を受けないのである。聖霊を受けないということは、人々は神との直接の関係をもっていないということだとしてよいだろう。

人間は、神との直接的な繋がりのある者たち（フィリポをはじめとする指導者たち）、「信者たち」、それ以外の人々に分けられることになる。二番目と三番目の二つのカテゴリーの人々には、神との直接的な繋がりがない。しかしこの二つのカテゴリーの人々は、二番目のカテゴリーの人々が「信仰」という内的態度をもっていること、そして「洗礼」という客観的な儀式を受けていることによって、三番目のカテゴリーの人々と分けられている。

つまり二番目のカテゴリーの人々については、指導者側からも、また本人たちの側からも、人間的に実行可能な活動はなされている。すなわち指導者側からは情報の伝達と洗礼がなされており、本人たちの側からは信仰と洗礼がなされている。しかしそれ以上のことはなされていない。神との直接の繋がりである聖霊の付与は実現されていない。フィリポの立場としては、聖霊は神が人間に直接与えるものであって、フィリポ個人にはどうしようもない現実だとされていると思われる。

この枠内においては、神の支配についての情報を与えるという活動は、地上のイエスの場合と同様に、「神の支配についての情報が作り出す現実」という状況に人々を置くだけである（点線で囲った部分）。

しかしフィリポはさらに「イエスの名による洗礼」という儀式を行う。これは社会において、神の直接支配と結び付いていない支配から人々を隔離する機能を果たしていると考えられる。「神の支配についての情報が作り出す現実」を人々が受け入れるようにするための措置である。神の支配についての情報は与えられ、そして他の支配からの宗教社会的隔離の措置は取られるが、神との直接の関係が現実に実現するかは、神の動きそのものに任せているということになる。フィリポは教会を作らない。つまり神の支配を代表する社会組織を作らない。そしてここでは信者たちは、聖霊を受けない状態にとどまっており、つまり神との断絶の状態にとどまっている。しかしステファノやフィリポのように、人間が聖霊を受ける可能性は存在する。フィリポを取り巻く人々については、使徒行伝二一章に記述がある。これを見ると当初のヘレニスト以外の若干の人々が聖霊を受けているようである。

神の側からの実質的な介入としては一部の人々への聖霊の付与しかないということが現実ならば、ヘレニストの態度はこうした神学的な現実に素直に従った態度だということになる。

しかし二つの大きな問題がある。

まず、信仰をもたない人々、すなわち神の支配の現実についての情報を肯定的に受け入れない人々をこのまま放っておいてよいのかという問題である。

次に信仰だけの人々は、神の支配以外の支配からの宗教社会的隔離については自分の「信じる」という決断と洗礼という客観的な儀式によって確認されているかもしれないが、どのような生活スタイルが具体的に神の支配の現実に対応するものなのかについての指針は彼らには与えられていない。

これについてはヘレニストの指導者たちは何の指導も行わないのである。フィリポがサマリアからいなくなってしまうことは、ヘレニストのこうした立場を具体的に示すものとなっている。信仰という人間的な決断だけの人々は、神からの聖霊の付与もなく、また聖霊に満たされているとされる指導者たちの指導もなく、いわば「飼う者のない羊」のような状況に置かれることになる。洗礼という儀式も、こうした神学的な状況を変えるものではない。

「人間のことを思う」

これに対して16b図は、エルサレム教会の立場を示したものである。これは16a図とほとんど同じものとなっているが、指導者たちから一般の信者たちへの「キリスト教的生活スタイルについての具体的な指導」が行われていること、これと対応して既存の社会とは別の実質的な生活の場（実線で囲った）が生じていることが、相違点である。

ペトロとヨハネが人々の上に手を置くという儀式（これを日本語では「按手《あんしゅ》」という）を行う

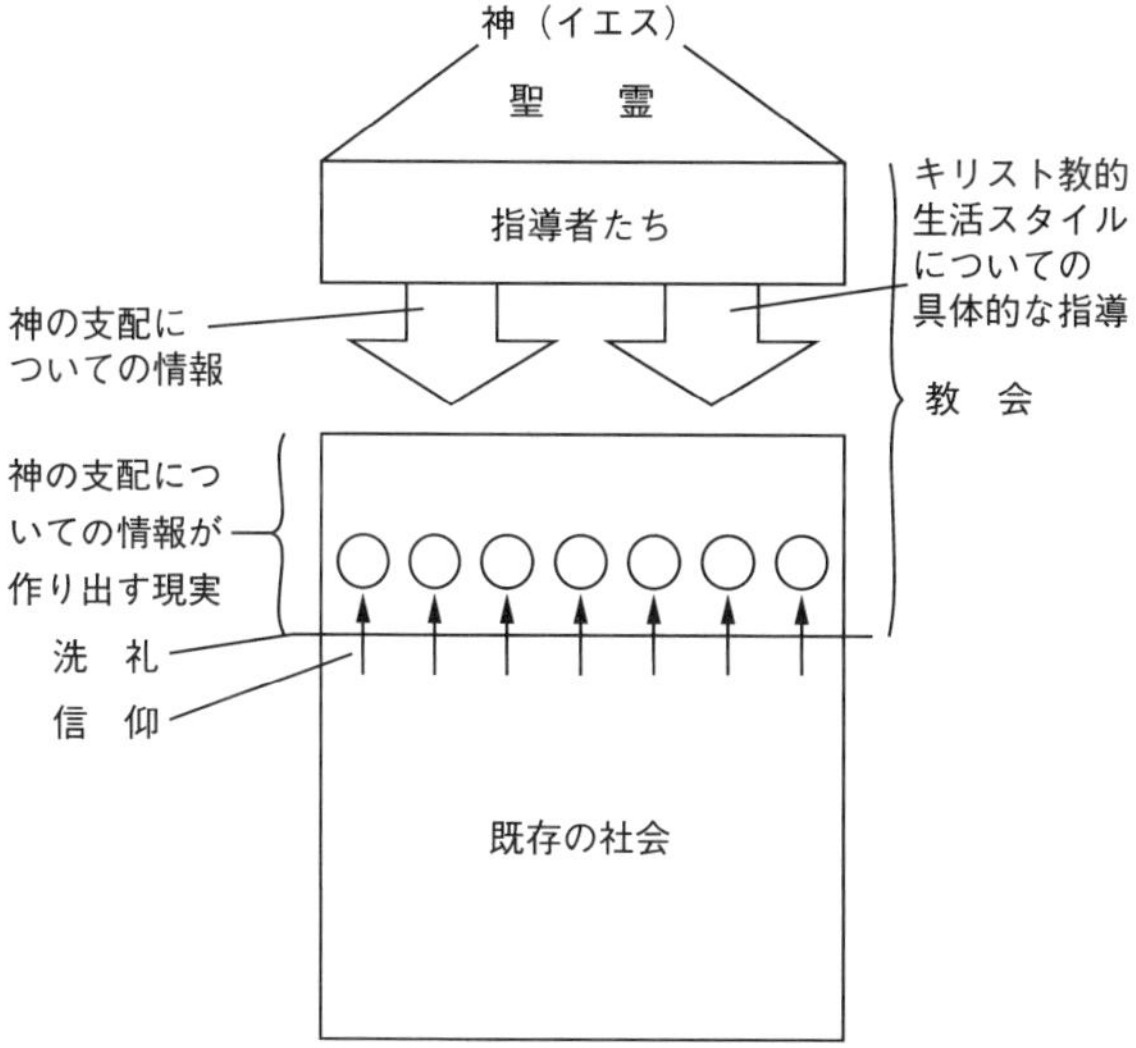

16b図　エルサレム教会の立場

と、人々は聖霊を受けたとされている。この「聖霊」が神との直接的な関係の存在を示すものなのかどうか微妙である。

もっとも大きな問題は「按手」という儀式が誰に対して行われるかが、指導者たち(ペトロたち)の判断に依存していると思われることである。按手を行えば聖霊が付与されることになっているようなので、聖霊の付与を誰に行うかを指導者たちが決定できるとされていることになる。そしてこの「聖霊の付与」が本当に神の直接的な行為ならば、神の行為について人間である指導者たちが神に命令できるとされていることになる。

指導者たちの立場としては、指導者たち自身は神格化されているのだから、指導者たちがこのように神に命令することがあっても問題はないとされるのかもしれないが、前述したように指導者たちの神格化が人間的な判断である可能性もあるので、ここではやはり人間が神に命令しているという事態が生じていると考えてよい可能性を退けることはできない。

按手の儀式の意味の神学的根拠にこのような不確かなところがあっても、信仰と洗礼だけの者たちの立場からは、この「按手」という儀式の意義を無視することはできないと考えられる。信仰をもち、洗礼を受けているということは、神の支配の現実についての情報を肯定的に受け入れようとする態度を彼らが人間的に採用しているということである。しかし彼らは聖霊を受けておらず、神の支配の現実に見合った生活スタイルがどのようなものかを判断することができない。そしてペトロのような指導者たちは、聖霊に満たされた者であり、そしてペトロたちは、フィリポのように信仰と洗礼だけの者たちを見捨てて姿を消してしまうのではなく、神学的に意味があるとされる具体的な行動を彼らに提案する。

信仰と洗礼だけの者たちの前には、神学的に意味があると思われる行動は他には何も提案されていないので、彼らはこうした指導者たちの提案を肯定的に受け入れるしかない。「按手」という儀式の神学的内実が実際にどのようなものであれ、彼らはエルサレムからの指導者たちの要請に従うことになる。しかも「按手」という儀式によって彼らは「聖霊を受けた」という神学的に積極的な地位に位置づけられるのである。

「按手」という儀式の神学的意義について、ここで厳密に議論を展開することは控えることにする。エルサレムからの指導者たちが按手を行えば、按手を受けた者すべてに神が機械的に聖霊を与えると考えることは、神が人間に従属する面をもつことになるので単純には受け入れ難いが、使徒行伝のサマリアでのエピソードについての記述に限るならば、そのような事態が生じたとされていることも確かである。しかし使徒行伝の叙述の中でこの後も、信仰と洗礼だけの者たちすべてに指導者たちが按手の儀式を行った様子はないし、キリスト教のその後の展開においてもそのような様子はない。

ここで注目すべきことは、信仰と洗礼だけの者たちに指導者たちが神学的に意味があるとされる行為を要請するならば、信仰と洗礼だけの者たちはその要請に従わざるを得ないということであり、このことによって指導者たちと信仰と洗礼だけの者たちの間に宗教社会的な従属関係が生じるということである。

このことは特別な人間(指導者たち)が、他の者たちの神学的位置づけを左右できるということを意味している。神との直接的な繋がりのない者たちに対して、指導者は神学的に絶大な権威をもっていることになる。ここにおいて人による人の支配、つまり特別な人(指導者たち）による一般の人の支配が制度化されていることになる。

残念ながらここでは詳しい分析を展開できないが、使徒行伝の記述では、エルサレム教会はこうした「人による人の支配」の制度を最初から採用していたのではなく、初期共同体の管理においてさまざまな問題が生じて、そして特にヘレニストの分裂の体験を契機にしてはっきりと原則の変更をしたように思われる。神との直接的な繋がりがなく、「飼う者のない羊」のような状況に置かれている一般の人々を、ヘレニストの指導者たちのように見捨ててしまわないという配慮から「人による人の支配」の制度が生じたのである。つまり人による人の支配の体制は、「人間のことを思う」という配慮から生じたものである。

「教会」の定義にはさまざまな議論があって、簡単には決着をつけることができない。しかしこれまでの検討の文脈では、教会とは社会のメンバー全体の神学的位置づけをそれなりに考慮して、「飼う者のない羊」のような状況に置かれてしまう者がいないようにすることから生じる宗教社会的な制度だということができる。神が直接的に介入しない者たちに、人間的な配慮から神学的位置づけが与えられるのである。そこでは「人による人の支配」が特徴となっている。個々の状況において何が神学的に意味あるとされるかを指導者が判断できるという立場がここで適用されているのである。

ユダヤ教の神殿と律法の役割をキリスト教の教会が果たす

ヘレニストの立場は、イエスのものに近く、神の支配の原則に沿ったものである。しかしこれ以降のキリスト教の展開において主流となるのは、エルサレム教会的な人による人の支配の原則による体制であって、ヘレニストの指導者たちの立場に見られるような神との直接の関係についてはあくまで神に委《ゆだ》ねるといったあり方は、傍流にとどまることになる。

ヘレニスト的なあり方は、神の実際の態度だと思われるあり方を尊重するものなので、神学的にはいわば筋の通ったものになっている。しかし神が実際に聖霊を与える者はごく少数であるというのがこれまでの現実であることも確かである。神との直接的な関係が与えられていない者が、教会における「人による人の支配」を拒むならば、彼らには具体的な指針が何もないことになってしまう。このような状態に置かれた人々の間からは、人間的な判断で自分の「神学的な位置づけ」を勝手に決めてしまうということが生じやすいことになる。

つまりユダヤ教において生じた「神の前での自己正当化」の問題が再び生じてしまうのである。こうした「神の前での自己正当化」は、神との断絶を決定的にしてしまうのであることは、すでに見た通りである。

教会における人による人の支配には、神の実際の態度を無視しているのではないかと思われるところがあることも確かである。しかしヘレニスト的なあり方において生じやすくなる「神の前での自己正当化」の問題を回避する手段となっている。

したがって人による人の支配の原則による教会の成立は、バビロン捕囚以降のユダヤ教における神殿主義・律法主義の成立と同じような機能をもつものだということができる。言い換えるならば、「神の前での自己正当化」の問題を回避するために、ユダヤ教においては神殿における儀式と律法という書かれたテキストの権威化が対応策として選ばれたが、キリスト教においては人による人の支配が対応策として選ばれたということができる。

この対応策が採用されたことによって、キリスト教の主流である教会においては、人間が二分されることが決定的になる。キリスト教の教会は、神との直接的な関係をもつ者(指導者たち)とそうでない者(信者たち)との本質的な違いを認めた上で成立していることになる。

聖書主義と儀式主義の誕生

使徒行伝八・四―二五に記されているサマリアでのエピソードに注目して、神の実質的な介入のあり方を尊重するあり方と、一般の人々を見捨てない教会的なあり方について確認した。この両者は後のキリスト教のあり方の二つの大きな原型となる。このサマリアでのエピソードに注目したのは、二つの原型がここに典型的な形で並んで示されていると思われたからである。

しかし実際のキリスト教の展開においては、この二つの原型が必ずしも純粋な形でいつも維持されるのではない。またこのエピソードには直接的には現れない神学的要素がある程度重要な意味をもつということも生じてくる。ここではそうした神学的要素のいくつかについて、簡単に見ていきたい。

地上のイエスやエルサレム教会の時代には、ユダヤ教の聖書しか存在していなかった。神の支配の現実との関連において展開していたキリスト教運動は、基本的には律法主義を認めない立場をとっていた。既存のユダヤ教の律法主義によって神との断絶の状態に置かれていた人々を、神の支配の枠内に置き換えることが目的とされていたのであるから、これはいわば当然の立場である。地上のイエスは、教えの活動においてたとえを用いて、ユダヤ教の聖書に依拠した議論を丁寧に避けていた。

しかしイエスの処刑以後のキリスト教指導者たちは、ユダヤ教の聖書を用いる議論をユダヤ人たちに対して用いるようになる。これはイエスの神格化をはじめとするキリスト教運動の重要な立場をユダヤ人たちに認めさせるために、ユダヤ人たちにとっての聖書の権威がたいへん有効に機能したからである。

律法主義の立場においては、律法に依拠しないことをまったく認めない。たとえ神からの直接的な介入であっても、それが律法に依拠したものであるかどうかが問題であり、もし律法に依拠していないということになると、それは神からの介入ではないとされるのである。

このような立場にあるユダヤ人たちに対して、イエスが神格化されたことについてたとえば復活とか高挙という奇跡の事実を単純に述べても、まったく相手にされないのである。しかしイエスの神格化が聖書のあちこちの箇所で将来の神の計画として預言されていた出来事だと議論をするならば、ユダヤ人たちは少なくともそうした議論が適切かどうかを検討せざるを得なくなる。するとユダヤ人の中には、キリスト教運動の主張を肯定する者も現れるのである。

したがってキリスト教運動がユダヤ教の聖書に依拠した議論を行ったのは、聖書が方便として役に立ったからである。キリスト教運動はユダヤ教の聖書の価値を、神学的に絶対のものと認めていたのではない。

神殿についてのキリスト教運動の態度も同様である。イエスもキリスト教運動の指導者たちも、神殿の価値を基本的には認めていない。しかしキリスト教運動の指導者たちは、神殿を表面的には尊重する態度をとるようになる。ユダヤ人たちに対する神殿の権威を方便として利用しながら徐々にキリスト教運動を拡大するといういわば功利的な態度をとっているのである。

ユダヤ教の聖書や神殿の権威は、神の支配の現実の原則からは否定すべきものである。しかしこれらについてこのような妥協的な態度をとることができるのは、何が適切かを教会の指導者たちが個々の状況において判断できるとされているからである。

イエスやステファノは神殿の価値をあからさまに否定して、処刑されてしまった。ヘレニストたちも同様にして迫害を受けることになった。またパウロは律法主義への妥協を貫くことができなくなって、エルサレム教会から分裂してしまう。ヘレニストやパウロの例は、むしろ例外である。神殿主義・律法主義に表面的に妥協する態度が教会の指導者たちに生じたのは、直接的にはおそらくイエスの処刑について反省するところがあったからだと考えられる。それからヘレニストやパウロのように神殿主義・律法主義にはっきりと反対する者たちは、そのためにキリスト教の主流との彼らの協力関係は崩れても、彼らがキリスト教徒でないということにはならないことは注目に値する。これは神殿主義・律法主義をある程度認めることは便宜的なことだからである。

しかし教会が展開するうちに、ユダヤ教の聖書に加えて、キリスト教独自の聖書が生まれて、旧約聖書と新約聖書からなるキリスト教の聖書が正典とされるようになる。またシナゴーグの活動をモデルとした個々の教会の儀式も本質的な意義があるかのように位置づけられるようになる。キリスト教独自の儀式もこれに加わるようになる。ユダヤ教の神殿主義・律法主義に代わって、いわば聖書主義・儀式主義が成立してくる。

キリスト教の聖書主義・儀式主義はキリスト教においては本来的なものではないと考えるべきであり、人による人の支配の枠内での便宜的なものだが、そのようなものとして、ユダヤ教の神殿主義・律法主義の場合と同じように、神との断絶を前提として、しかし神の前での自己正当化を回避する役割を果たすという面がある。

つまりキリスト教の聖書主義・儀式主義は、神との直接的な繋がりのない人々を教会という制度の中の指導者たちの指導の下に位置づけることに見合った機能を果たしていることになる。

したがってキリスト教の枠内においては、聖書と儀式は本来的には二義的なものである。教会の指導者たちには神との直接的繋がりがあり、神の支配の現実との関連において彼らが一般の人々の指導にあたるべきだというのが本来的なあり方である。したがって教会においては、人による人の支配が、あくまで根本的なあり方である。そして神との直接的な繋がりがある者には、聖書や儀式は本来的には不必要である。この枠内において、聖書と儀式には限定的な役割が委ねられているということになる。

重要なことは、やはり指導者たちが決めるのである。これが神の支配の現実との関連において、それぞれの状況でもっとも権威あるものである。個々の教会の指導者が最終的な決定を行う。その決定が困難な場合には会議を行う。また神学者なる者たちが、それぞれの状況、それぞれの時代に思索を行って、可能な限りでの全体的なあり方の了解を具体化し、さまざまな問題に対する対策を提案する。こうした人間の側の活動に神学的な意義があるとされているのである。

キリスト教の展開において、たとえば新約聖書は当初から存在していたのではなかった。新約聖書におさめられることになる文書は、後一世紀後半から二世紀前半にかけて徐々に執筆され、それらが次第に纏《まと》められ、新約聖書というまとまりのある文書集となってその権威が安定して認められるようになるのは、四世紀から五世紀にかけてのことである。新約聖書があってキリスト教が成立したのではなく、キリスト教の展開の中で新約聖書の意義が認められるようになって、新約聖書なるものが成立してきたのである。新約聖書が存在しなかった状況は長い間続いていたのであり、それでもその当時のキリスト教徒がキリスト教徒でなくなるのではない。

また重要だとされるさまざまな儀式も、時と場合によって一定していない。洗礼のようにかなり一般的に認められる儀式も、キリスト教の展開の全体を見渡すならば、必ずしも不可欠ではない。たとえば生前のイエスの活動の時期やエルサレム初期共同体においては、洗礼は行われていなかったと思われる。

律法と聖書の違い

キリスト教のこうしたあり方について、もう少し検討しておこう。

ユダヤ教の律法は、その全体が正に「律法」として、すなわち「掟」として位置づけられている。したがってすべてのユダヤ教徒は、律法の全体を理解して、その全体を掟として遵守《じゅんしゅ》しなければならない。

しかしキリスト教の聖書は、基本的には「律法」ではない。聖書にはいろいろな意味で深い内容があり、それらの中には掟のようにして遵守すれば大きな効用のあるようなところもある。

しかしキリスト教徒が聖書全体を理解し、その全体を掟として遵守しなければならないということは要請されていない。聖書は正典とされて、絶対的な権威があるものとされている。聖書はそのようなものとして尊重されるべきであることは要請されているのだが、聖書の用い方がはっきりと確定されておらず、いわば相対的なのである。

神との直接的な繋がりがなくて、目の前に聖書しかない者は、聖書を律法のように絶対視しようとするかもしれない。そのようにすれば、律法主義の場合と同じように、決して完璧な状態に到達しない道に入り込むことになる。しかし聖書はそのように用いなければならないものとはされていないのである。

中世までの教会において、そしていまでもキリスト教の一部において、信者たちに聖書の理解を必ずしも要求しないという指導が行われる場合が存在するが、だからといってこうした流れがキリスト教でなくなるのではない。

また指導者側のさまざまな決定や神学者たちの意見——聖書に必ずしも依拠しない決定や意見——に意義があるとされていることも、聖書の相対性の証拠となっている。指導者たちも聖書に依拠することがある。しかし必ずしも聖書だけに依拠しなければならないのではないのである。

聖書至上主義を標榜《ひょうぼう》する極端な流れにおいても、彼らの態度を落ち着いて観察するならば、彼らがかなり絶対的だとするようなあり方が個々の教会の指導者の判断やかつての「偉大な指導者」の判断に基づいているような場合が少なくない。

神の支配と罪の問題

神の支配が問題となるような状況において、罪の問題が意味をもたないことは、前述した通りである。罪の問題は神が動かないことから生じたものであり、神の支配は、人間の状態がどのようなものであれ、神が一方的に世界に肯定的に関わることだからである。

確かに、神の支配の現実について与えられているのは情報だけであり、それに加えて神の直接の介入があったとしても、それは部分的なものでしかないというのが実情である。

罪の概念や神との契約の概念は、神との断絶を前提としたものだが、この場合に神との直接的な繋がりがなくても、神との関係がなくなっているのではない。罪や契約という形における神との関係は維持されている。罪は神との関係における罪であり、また契約はたとえ実行されなくても、契約そのものは存在し続けている。こうしたことが、神との直接的な繋がりがない一般の者たちの状況に対応しているために、ユダヤ教起源のこうした概念が流用されていると考えられる。

同じようなことは「信仰」といった人間的態度や、さまざまな儀式にもあてはまる。人間が信じるかどうかによって、神の態度を左右できるのではない。また儀式を行うかどうかによって神の態度を左右できるのではない。しかし信仰や儀式は、神との直接的な繋がりがなくても、神との関係を決定的に失わないで済むための人間の側からの手段となっている。

ただしユダヤ教起源の罪の概念や契約の概念は、根本的なところで神との断絶が前提とされており、このことは問題とされねばならないだろう。神の支配との関連で判断をしていかねばならないはずの指導者たちが、神との断絶を前提として罪の概念や契約の概念を本質的なものであるかのように人々に提案するという態度には、やはり矛盾があると言わねばならない。

神の支配には神と人との断絶はないはずである。神の支配は神の愛だという比喩を再び用いてこのことを考えることもできる。「神が世界を愛している」という情報が存在しているのである。ただし神の愛の実質的な介入は、まだ全面的ではない。「愛している」と言っているだけの相手がいて、その相手に信頼を置いたり、相手に関わっていそうな活動をしたり、相手からの愛の具体的行為がないことについて自分が悪いのだと考えたりすることは本人の勝手ではないだろうか。

こうした態度が、相手の愛の行為を拘束するのではない。また「愛している」と相手が言ったからといって、契約の概念のようなものを勝手に考え出して、それで相手には自分を愛する義務があるといったようなことを考えるのは適切でないことは明らかである。信じていようが、信じていまいが、愛の行為はなされるのであり、また愛の行為は契約に従ってなされるのではない。

またこうした便宜的なものを本質的なものであるかのように主張することによって、罪を認めたり、契約の考え方で神をとらえたり、また信仰をもったり、儀式に参加したりする者が本質的に優れていて、そうでない者が本質的に劣っているとしてしまうことは、神の支配の原則と矛盾している。

神との断絶を前提とする人間的な態度に本質的な価値があるとしてしまうことによって、本来的には区別のないところに区別が生じて、人々が二分されてしまっているのである。第1章でいくらか考察した、伝道による一般の人々の二分化の問題の根源はここにあるということになる。

神格化されたイエスのイメージ

神格化されたイエスがキリスト教にとってどのような意味で重要なものであるかは、これまで述べてきた通りである。イエスの位置づけについての議論は、「キリスト論」(christologie)と呼ばれることになる。これは「神論」(théologie)、「聖霊論」(pneumatologie)、「教会論」(ecclégiologie)といった神学上の各論の一つである。

イエスが神的な存在であることを主張するために、イエスの復活と高挙という奇跡が特に強調されたことは、すでに見た。この他にもイエスの位置づけについては、さまざまな議論が生じることになる。その中で、いわゆる「キリスト論的称号」によるイエスの位置づけについていくらか考察しておくことにする。

「キリスト論的称号」によるイエスの位置づけは、ユダヤ教その他の伝統において考えられていた特殊な位置づけの存在にあてはめられていた称号をイエスに適用したものである。それは「イエスは××だ」という主張である。「メシア」、そのギリシア語訳である「キリスト」、それから「神の子」「ダビデの子」「預言者」「人の子」「主《しゅ》」「王（諸王の王）」などである。その他にもさまざまなイメージが用いられた。

このうち「メシア」は、「油を注がれた者」という意味のヘブライ語の表現である。これはかつてのダビデ王朝において、王の候補者が即位式の際に「頭に油を注ぐ」という儀式を経て王となったことに由来している。つまり「メシア」は、まずはダビデ王朝の「王」のことである。そしてダビデ王朝の王はダビデ家の者でなければならなかったので「ダビデの子」であり、そして神学的には「神の子」とされていた。したがって「メシア」「王」「ダビデの子」「神の子」という称号は、その起源においてはダビデ王朝のイデオロギーとして意味があるのである。

ところがダビデ王朝が滅んで、イスラエル民族が長く被支配の状態に置かれる中で、「メシア」をはじめとする一連の称号が、何らかの意味でこの逼塞《ひっそく》した状況を打開する存在に適用されるべきものとして考えられるようになり、「メシア」を巡ってさまざまな思想が展開することになる。これが「メシア思想」である。簡単な辞書では「メシア」について「救世主」という訳が与えられているようだが、「メシア」は必ずしも救世主ではない。まずはダビデ王朝の王という意味だし、その後の展開においても、たとえば単にかつてのダビデ王朝を復興する者と考えられたりもしていた。

こうした「メシア思想」の展開を背景にして、メシア的な一連の称号がイエスにあてはめられるようになった。また「メシア」はヘブライ語起源の語で、ギリシア語しか分からない者たちには意味が通じないので、「メシア」の代わりに「キリスト」というギリシア語訳の語も用いられるようになる。

また「メシア」「キリスト」は、単語としては「油を注がれた者」という意味でしかない。イスラエル民族の歴史を知らない者はイエスがなぜ「油を注がれた者」と呼ばれるのか分からないので、「キリスト」は固有名詞のように理解されてしまうということも生じてくる。また「キリスト」が字義通りに解されて、キリスト教徒というのは「頭に油をべたべたと塗りたくった者を主として崇拝している」といった揶揄《やゆ》の材料になっていたこともあるという。

ある意味では、こうした字義通りの解釈による反応は、「キリスト論的称号」を用いたイエスの位置づけの欠陥を端的に示すものとなっているのかもしれない。「キリスト論的称号」を用いたイエスの位置づけは、「イエスは××だ」という表現になるので、たいへんに単純なものである。一般の信者向けのいわばスローガンのようなもので、最低限の理解として一般の人々に記憶させるのに便利だった。

イエスの存在がキリスト教にとって重要であることを強調するという機能を、「キリスト論的称号」を用いたイエスの位置づけが果たしていることは確かである。しかしそれ以上にイエスについて理解しようとすると、「キリスト論的称号」は曖昧きわまりないもので、さまざまな弊害がある。さまざまな称号がイエスにあてはめられていることが示しているように、一つの称号でイエスについての理解ができるのではない。またある称号のもつ意味がすべてイエスにうまくあてはまるのではない。しかも「キリスト論的称号」を用いたイエスの位置づけばかりを強調すると、キリスト教にとってもっとも重要なのがイエスであるかのような誤解を生じさせてしまう。

キリスト教の運動にとってもっとも重要なのは、もちろん神であり、そして神と人の関係であるところの「神の支配の現実」である。これとの関係で地上のイエスは一つの役割を果たしただけである。また神格化されたイエスの意義も限定的なものであり、イエスを神格化すること自体に問題がないわけでもない。

イエスについての理解の重要性をこのように肥大化させ、また極端に単純化させて曖昧なものにすることについては、早くから批判があった。「イエスはキリストだ」をはじめとする「イエスは××だ」というお手軽なイエス理解は適切でないという立場が端的に表明されている文書は、福音書である。福音書はイエスを巡るさまざまなエピソードを連ねた物語になっており、それぞれの福音書の立場はさまざまなものだが、イエスについては福音書全体の情報についての理解が必要であることが主張されている点では共通している。福音書記者たちは「イエスはキリストだ」と一行だけ記して、それで福音書としたのではないのである。

キリスト中心主義

また「キリスト論的称号」を用いたイエスの位置づけに限らず、イエスを不用意に重視する立場はキリスト教の流れの中にさまざまな形で生じている。いわゆる「キリスト中心主義」(christo-centrisme)である。そしてイエスの重要性があまりに強調されているために、「キリスト中心主義」がなぜ問題視されねばならないかさえ分からない指導者も少なくない。

たとえばたまたま目に止まった『聖書の読み方』と題された日本語の本には、次のように書かれている。

聖書の中心には、イエス・キリストが立っています。簡潔に「聖書とはイエス・キリストを証する書物である」と定義づけることもできます。

これは不適切である。聖書は、神との関係についての紆余曲折についてさまざまなことが記されている。その中には「イエスはキリストだ」という主張も含まれているが、その他のことも数多く記されている。また「イエスはキリストだ」といったお手軽な主張に反対する立場も主張されている。福音書の立場がその代表的な例であることは、すでに指摘した通りである。福音書の中には「イエスはキリストだ」といったことを言わないようにというイエス自身の言葉さえ記されているのである。

この本の著者の名前を挙げる必要はないと思われる。ただしこの著者は単なる信者でなく、一応のところキリスト教の研究者とされている人である。このような過度に単純で不適切な理解が十分な真理であるかのようにされてしまうことは、福音書が執筆された時代にも大きな問題だったのだが、近代における一つの大きな特徴になったと考えられる。したがって、このことについては次章で触れることにする。

キリスト中心主義について、もう一つ指摘しておく。神格化されたイエスを過度に強調すると、この神格化されたイエスを認めることが、あらゆる問題の全面的な解決であるかのように考えられてしまうおそれがある。イエスの神格化を認めるにしても、これは神の世界に対する部分的な介入でしかない。またイエスの神格化は、キリスト教的生活スタイルを権威あるものにするための機能を担っているだけである。この機能の限界を遥かに越えて、神格化されたイエスばかりを強調することはやはり不適切である。

イエスが神的であるかどうかは、神の支配の全体的なあり方を根本的に左右する問題ではない。生前のイエスが神の支配の現実について告知していた段階において、イエス自身が神的であるかどうかということは重要ではなかった。重要だったのは神の支配の現実である。

第7章——キリスト教と近代

人による人の支配がキリスト教の最大の特徴

本章では、キリスト教の教会的なあり方と西洋的世界の基本的なあり方との関係について考察する。また近代における西洋的なキリスト教の教会構造の問題について考える。

人による人の支配は、エルサレム初期共同体がセクト集団のような状態から変化してエルサレム教会と呼ばれるべきものとなって以来、キリスト教の最大の特徴となる。

個々の教会の具体的な活動はユダヤ教のシナゴーグの活動をモデルにしたもので、そこにいくらかの新しい要素やキリスト教的意味づけが加わっている。そこで行われるさまざまな儀式には、神殿主義の場合と同じような機能を果たしている面がある。しかしこうした儀式は補助的なものである。教会の流れによってはいくつかの儀式に絶対的な権威を付すようなことも行われてきたが、こうした儀式が「絶対的」なのは一般の者たちに対してである。儀式については、教会の流れによって立場が違っていたり、一つの教会でも同じ儀式の位置付けが時代や場所によって異なっている。

聖書に関しても、キリスト教においては新約聖書なる文書集が成立し、ユダヤ教から引き継いだ聖書を旧約聖書と位置づけて、両者を合わせて正典とするような立場も生まれてくる。
聖書には、ユダヤ教における律法の場合と同じような機能を果たしている面があるが、この機能も根本的には補助的なものである。イエスは書かれたテキストが権威を持つことを極力避けようとしていた。初期教会においてユダヤ教の聖書が便宜的に使われるようになっても、教会は独自の文書を作り出すことを避けようとしていた。ユダヤ教の律法主義と同じような機能を持たせることを意図して書かれた最初の文書は、おそらくマルコ福音書である。マルコ福音書はヘレニストの間で生まれたもので、しかもヘレニストの活動がある程度展開してから生まれたと考えられる。多くの人々が神と断絶した状態であることから生じる問題に、やむなく対処したのではないかと思われる。

マルコ福音書以降にもさまざまな文書が執筆されたが、新約聖書におさめられることになる文書がどれも、マルコ福音書のように律法主義的な機能を持つことを意図して書かれたのではない。そして教会は長い間、新約聖書となるものを正式に正典にすることを躊躇《ちゅうちょ》していた。しかしついに、旧約聖書・新約聖書からなる聖書が正典とされるようになる。それでも教会には、聖書をユダヤ教における律法のように用いることを避ける傾向があった。

またさまざまな教義も、補助的なものである。さまざまな教義や、それを巡っての議論はもちろん重要である。しかし教義が絶対的なのではない。個々の場合について検討をすることはここではできないが、古代以来、神学者たちがかなり自由に議論を行い、さまざまな提案を行い、教会で検討され、採用されて重要なものとして残るものもあれば、消えていくものもある。また変更もあり得る。こうしたことを見れば、教義の権威の上位に教会指導者たちの権威があることは明らかだろう。個々の教義が絶対的であるとされることがあっても、これも一般の人々にとってのみ絶対的なのである。

したがって人による人の支配が、古代以来のキリスト教にとっていかに重要な原則であるかは明らかだろう。この原則の特徴は、人間が二種類に分けられており、上の者が下の者を支配ないし管理しているという点である。

第1章では、ユダヤ教の根本的な人間観として人間がユダヤ人と非ユダヤ人の二つに分けられていることを指摘した。しかし民族中心主義の民族宗教であるユダヤ教においては、ユダヤ人は非ユダヤ人を支配しているのではない。民族宗教的な枠組みにとって非ユダヤ人の存在は、言うならば、思いがけなく存在していて、どうしたらよいかはっきりしない困った存在である。

しかし普遍主義的なキリスト教においては、上の領域に属する者が下の領域に属する者を支配している。こうした体制はキリスト教がまだ小規模な新興宗教であったときに既に確立したものだが、後にキリスト教の規模が大きなものになっても基本的に維持されることになる。そして世界をこうして二重構造でとらえることは、キリスト教が西洋世界全体を管理する原則として採用され、教会による西洋社会の管理の状態が長く続くことにとって、決定的な意味を持つことになる。

西洋社会の基本は二重構造

西洋社会のあり方について、ここで検討する必要がある。本書では大きな枠組みについての議論しかできないが、そのためにかえって本質的なところが理解しやすいかもしれない。

西洋社会は「個人主義的だ」などと言われることが少なくないようだが、この理解は不十分である。個人主義的な者たちばかりが集まっても社会は成立しない。西洋社会の基本的なあり方は、二重構造になっていることである。

古典古代の時代のギリシアのアテネのような都市国家について考えてみる。プラトンなどの対話篇は手軽に手に入る翻訳もたくさん出ているので、そのいくつかに目を通した人も多いだろう。ソクラテスをはじめとするさまざまな登場人物が長い議論を繰り広げている。こうした著作を読むと、まずは議論の内容に注目してしまう。しかし自分の生活と照

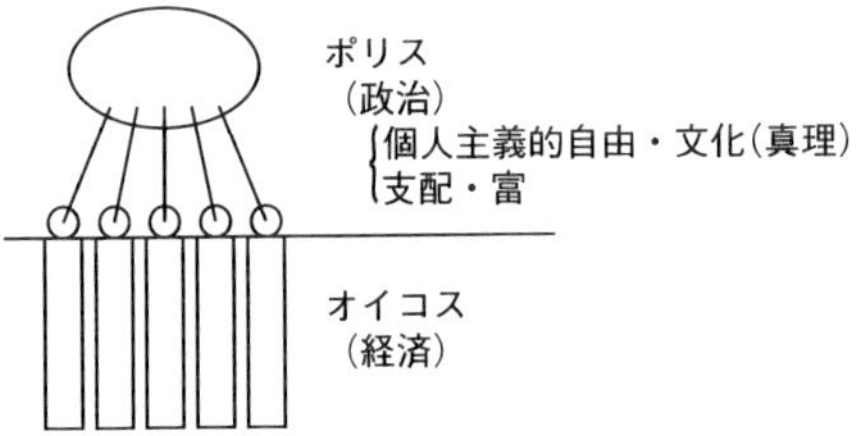

17図　古代ギリシアにおける社会の二重構造

らし合わせてみると、ふと浮かぶ疑問があるのではないだろうか。ソクラテスのような人たちは、仕事をしなくてもよいのだろうかという疑問である。

ソクラテスは町の広場で待ち構えて若者をつかまえ、議論を仕掛けたという。ソクラテスも、また若者たちも、昼間から議論をして時間を過ごしているのである。彼らはなぜこんなことができるのか。それは彼らが自由で独立した個人であり、現代人のように気持ちの上だけ自由で独立しているのではなく、経済的にも社会的にも自由で独立しているからである。つまり社会の中に奴隷がいて、奴隷たちが働いてソクラテスたちを支えているのである。

こうした描写に描かれている様子が、当時の人々の実際の生活のあり方を忠実に反映していると単純に考えてしまうことはできないかもしれない。しかしギリシアのポリス社会の一つの側面の典型的なあり方を示したものと考えることは不可能ではないだろう。

アテネのような都市国家は、二重構造になっている。17図を見ていただきたい。下層に属しているのが奴隷たちである。彼らは社会的になすべきだとされている活動、つまり労働を行う。そして「家」（オイコス）に属していて、「家長」に絶対的に服従している。

それぞれの家の家長が、自由な個人である。彼らは経済的に豊かである。奴隷の上に立っているので、社会的にも上層にいる。働かなくてもよいので暇があり、勉強や思索ができるので文化的にも高い。家の管理という仕事があるが、大抵のことは管理奴隷に任せておけばよい。こうして彼らは、それぞれの家の頂点に立っている。ただしポリス全体の事柄（大規模な祭り、土木工事、戦争など）については、彼らは町の「広場」（アゴラ、これのラテン語訳が「フォーラム」）に集まって、議論をしてポリス全体の方針を決定する。家長たちの領域はポリスの領域であり、つまり政治の領域である。これに対して奴隷たちの領域はオイコス（家）の領域であって、つまり経済の領域である。

こうした二重構造が、西洋社会の基本的なあり方である。上層の者たちには、個人主義的な自由・文化・支配・富がある。これらは、下層の者たちのものではない。この構造は基本的にはいまでも維持されており、近代以降はこの構造が世界規模に広がっている。

アレキサンダー大王とディオゲネスとの対話

ところが古典古代のアテネのような都市国家におけるこうした二重構造にとって、大きな問題が生じることになる。それはアレキサンダー大王の征服によってギリシア的世界が広大なものになり、ギリシア人がこの広大な世界の支配者になったという事件から生じてくる問題である。小さな家の管理ならば、その仕事を管理奴隷に任せて、自分は日々自由に過ごすことができた。しかしさまざまな民族を単に奴隷として服従させることは、事実上困難である。このためにギリシア人は、広大な世界の管理の仕事に忙殺《ぼうさつ》されることになる。

アレキサンダー大王とキュニコス派（犬儒《けんじゅ》学派）の哲学者ディオゲネスとの出会いのエピソードは、このこととの関連においてたいへん示唆《しさ》に富んでいる。ディオゲネスは真に知恵ある者は何にもとらわれないということを実践して、何も所有しない乞食のような生活をしていた。ディオゲネスのような哲学者が「キュニコス」（直訳すれば「犬の」）と呼ばれたのは、プラトンがディオゲネスを「犬」と呼んだからだという言い伝えがある。ディオゲネスは、コリントで大きな樽に住んでいたという。

そこにアレキサンダー大王がやってくる。大王が来ても、ディオゲネスは寝そべったままで、起き上がろうともしない。ディオゲネスは、日向ぼっこをしているのである。

大王は立ったまま、ディオゲネスに言う。

「私は、大王のアレキサンダーだ」

ディオゲネスが答える。

「私は、犬のディオゲネスだ」

大王はディオゲネスが堂々としているので少したじろいだが、威厳を取り戻して言う。

「お前は、私を恐れないのか」

ところがディオゲネスは、次のように質問する。

「あなたは、良い人間か」

「……私は、……良い人間だ」

「良い人間を恐れる必要はない」

この簡単な答えに、大王はまた少したじろいだ。ここは大王の力を見せねばならない。

「ところで、何か私にしてもらいたいことはないか」

「そこをどいてくれ。あなたが立っているせいで、私のところが日陰になっているから」

アレキサンダー大王は後に「私がもしアレキサンダーでないなら、ディオゲネスになりたい」と言ったという。

このエピソードは、アレキサンダー大王とディオゲネスの対話として断片的に伝えられているものを再構成したものである。ここではギリシア人の独立した個人の理想が二分されていることが、端的に示されている。上層の者たちには個人主義的な自由・文化・支配・富があると述べたが、ディオゲネスは自由と文化（真理）を選んでおり、アレキサンダー大王は支配と富を選んでいる。四つの要素を同時に自分のものとすることはできなくなっているのである。

ヘレニスムの時代、そしてそれを引き継いだローマの時代は、このように分裂した自由および文化（真理）、そして支配および富の間の緊張をどのように調整するかの模索の時代だったということができる。

支配者たちは、支配および富を手にしている。しかし被支配者たちは、量的に膨大である。この被支配の領域の管理の仕事のために、支配者たちの自由と文化（真理）は限定的なものになってしまう。仕事に忙殺されるということは、西洋的な二重構造の基本的なあり方から見るならば、奴隷的なことである。上層に奴隷的な要素が混入していることになる。

被支配者たちが置かれている状況には、確かに奴隷的な面がある。しかし支配と富が望み得ないとしても、彼らはさまざまな形で個人的な自由と文化的な価値（真理）を求めようとする。西洋社会の二重構造の基本的なあり方においては上層に属するはずの自由と文化が下層に混入している。

キリスト教が西洋社会安定に果たした役割

こうした状況に対してキリスト教は、西洋世界を再び安定させる原理を提供したと考えられる。

これまでの考察の文脈に従うならば、キリスト教が想定する社会は三重の構造になっている。18図を見ていただきたい。指導者たち、信者たち、信者でない者たちである。神との直接的な繋がりということを基準にするならば、指導者たちと一般の人々という二重の構造になっていることになる。これは神の直接的な介入が少数の者にしか実現していないという状況を反映したものである。しかし指導者たちが一般の人々を見捨てずに、それなりの指導を行うことによって生じるのが、人による人の支配という形態におけるキリスト教の教会のあり方である。

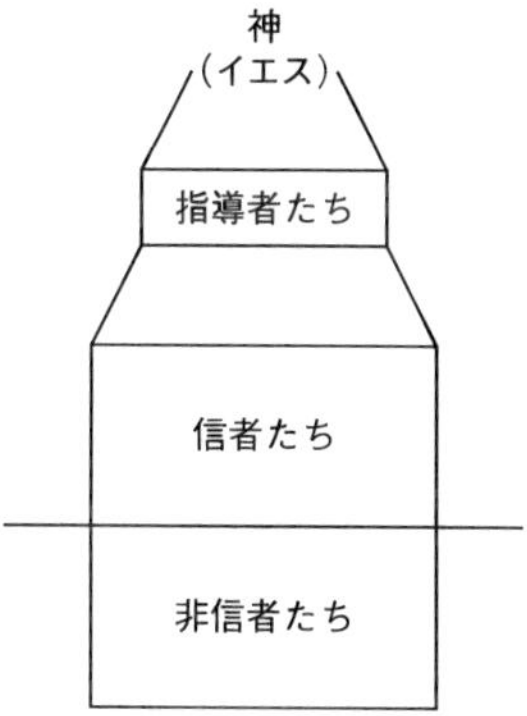

18図　キリスト教社会の三重構造

西洋の二重の社会構造のあり方に、このキリスト教の教会のあり方があてはめられる。19図を見ていただきたい。

指導者たちは神と直接的に繋がっているのだから、

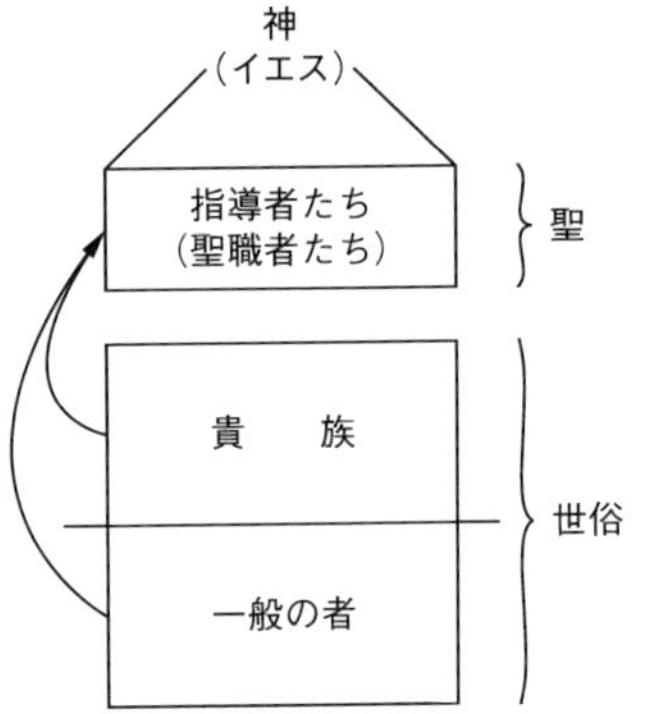

19図　西洋的二重構造社会にキリスト教社会があてはめられる

社会的な拘束を受けることは原理的にはあり得ない。したがって彼らは自由である。そして彼らは、人間としてもっとも豊かなもの、つまり神との直接的な繋がりを享受《きょうじゅ》しているのであるから、文化とか人間的知恵をはるかに超えたもの、また経済的な富をはるかに超えたものを手にしていることになる。そして彼らは、人による人の支配の構造において、社会的には支配者の立場に立っている。

これまでの西洋社会の二重構造は、神学的な問題を本格的に考慮に入れない中で、いわば世俗的な領域を二分したものだった。ところがキリスト教の枠組みにおいて聖の領域と世俗の領域が生じて、この二つの領域によって社会が二分されることになったのである。聖の領域に属するキリスト教の指導者たちは、神学的な自由・真理・富・支配の側に立っている。

しかしこれによって世俗の領域の二重構造が消えてしまうのではない。被支配の領域である世俗の領域に属している一般の人々には、神との直接的な繋がりはない。このことにおいて世俗の者たちは一様に下層の領域に属しているとされているのだが、微妙な状況が生じてくる。世俗の領域が上下に分けられるという状態も継続する。

つまり上層の者は、世俗的な支配者であり、世俗的な文化や富を享受する。彼らには神学的自由はないが、社会的な自由を世俗の領域の枠内でできる限り実現しようとする。社会的に支配者であることを維持し、世俗的な文化や富によって社会的な拘束ができる限り少なくなるような状況を実現しようとすることになる。世俗的な領域の上層に属するこうした者たちを「貴族」と呼んでよいだろう。

ヘレニスム時代以来の西洋世界においては、世俗の支配者たちが支配の仕事によって忙殺されて、自由と文化を享受できなくなるということが問題だった。しかしキリスト教の教会の社会構造が適用されると、世俗の者たちはキリスト教指導者たちの神学的権威に服従することになるので、世俗の支配者たちの「仕事」の負担は大幅に軽減されることになる。

世俗的な領域の下層に属する者たちは、神学的にも世俗的にも、自由・文化(真理)・支配・富がない状況にとどまることになる。下層に属しているということは、西洋的な二重の社会構造の基本的なあり方においては、上層に属するようになる可能性はないということを意味していた。

しかし個人的に優れた資質を持っているものは、文化と内面的自由をそれなりに獲得することができ、そのような者が量的に多くなることによって、ヘレニスム時代以来の西洋世界の緊張が生じることになった。しかしキリスト教の教会の社会構造の枠組みにおいては、真の自由・真理・支配・富を享受する可能性は、社会的地位に依存しているのではなく、神の直接的な介入があるか否かに依存している。また社会的な支配秩序を真に担っているのは、世俗的な支配者である貴族ではなく、キリスト教の指導者たちである。

下層の者が真の自由・真理・支配・富を求めることは、世俗の支配者に対立することを意味しない。したがって世俗的領域において上層と下層の対立によって緊張が生じるという状況は原理的に解消することになる。そして真の自由・真理・支配・富を求めることができる者は神との直接的な繋がりのある者なので、彼らは社会的にはキリスト教指導者の階層に属することになる。

つまりキリスト教の教会における基本的な二重構造（指導者たちと一般の人々、聖の領域と世俗の領域）が全体の枠組みとなり、その下層にあたる世俗の領域に西洋的な二重の社会構造のあり方が組み込まれた形が生じて、しかも世俗の領域の二重構造においては、アレキサンダー大王の征服以来生じていた上層と下層の緊張の問題が解消されていることになる。西洋世界がキリスト教化されたことによって、西洋世界はたいへん安定した形を見出したことになる。

西洋世界は世俗の力が強くて生き残った

世俗の領域については、キリスト教の教会の立場からは信者と非信者の区別があった。この区別は西洋世界の全体がキリスト教化されることによって解消したと言えるのかもしれないが、もう少し検討を加えておく必要がある。

キリスト教の教会の枠組みにおける一般の人々の領域(世俗の領域)の二分化は、あまり本質的ではない。信者と非信者の違いは信仰をはじめとする人間的な決断と行動を基準とするものである。しかしこのような人間的でしかない決断や行動は、既に見たように、神学的には本質的に意味がない。神学的には、信者も非信者も神との直接的な繋がりのない者たちである。

このようなことがあるために、世俗の領域において、キリスト教の教会の枠組みにおいて存在していた信者・非信者の違いよりも、西洋的な二重の社会構造のあり方が優勢なものとして意義を持つということが生じたと考えられる。

またこの世俗の領域は、あらゆる者が参入し得る領域である。そしてこの領域に属する人々への指導者の指導は、神学的な権威を背景としたものとはいえ、いま検討したように、根本的には人間的なものであり、神学的な確実な根拠がないとされかねないものである。このために世俗の領域に対する指導者の指導のあり方は、多様なものになり得る。

具体的な歴史的展開の中で、キリスト教はローマ帝国およびその影響が肯定的に及んだ領域で広まった。このためにこれまでの展開においてはキリスト教は西洋的なものでしかないことになってしまった。このような状況に落ち着いてしまった事情としては、政治的な要因が大きな役割を果たしたと思われる。

キリスト教成立の時期には、その発祥の地であるパレスチナはローマ帝国に属していたが、メソポタミアのあたりを境界にして、東方にはパルチア帝国が存在していた。パルチア帝国にもキリスト教の運動はある程度は浸透していたと考えられる。パルチア帝国は三世紀前半に、ペルシア復古主義的なササン朝ペルシアに滅ぼされる。しかしササン朝ペルシアの支配が始まっても、この地域でキリスト教がまったく消滅したのではない。しかし四世紀になってキリスト教がローマ帝国の国教として採用される。この事件は、キリスト教が西洋世界において支配的なものとなる上で決定的な意味を持った。しかしこのことによってキリスト教は、ササン朝ペルシアの立場からは敵国の宗教になってしまった。キリスト教の東方への展開の可能性は、このために絶望的になったと考えられる。

こうしてキリスト教は、西洋的世界において展開することになる。ギリシア文化の影響が色濃く残っていた地中海沿岸東部の地域においては、世俗世界に対する教会指導者たちの指導は、たいへんに綿密で、また文化的レベルの高いものだった。また一般の人々の文化的レベルもそれに見合ったものだったと考えられる。したがってこの東部世界では、キリスト教の西洋的特徴が神学上の詳細な立場も含めて社会全体にかなり確固としたものとして浸透したと考えられる。このために伝統的な西洋的あり方以外の傾向に柔軟に対応できなくなる。ビザンチン帝国は、ある意味では西洋的キリスト教としての文化的レベルが高かったために滅亡したということができるのではないだろうか。

これにたいして西洋的世界の西部世界では、ギリシア文化の浸透の度合いが薄く、世俗世界に対する教会指導者たちの指導は、形式的なものにとどまる傾向にあったということができる。このことは世俗的支配者たちの世俗的自由の幅が広いということをまずは意味することになる。この地域において、世俗的世界の政治的・文化的な統一が徐々に崩れて、多元的な状況が生じることになることの背景には、このような事情があったと考えられる。西部世界では、西洋的なキリスト教のあり方が、社会構造の面において特に維持されたのである。

安定したキリスト教社会

いずれにしても、西洋的なキリスト教の社会構造は、広範なものとなった西洋的世界の二重構造をそのまま維持して、しかもこれが広範なものとなったことによって生じていた上層と下層の間の緊張を解消して、長い間にわたって安定した状況を作り出したのである。

神の支配の現実が情報でしかなく、そして神の直接の介入が部分的でしかないという状況において、社会全体として神との関係が存続することを保持しながら、人による人の支配という教会の体制の中で神との直接的繋がりがある者もそうでない者もそれなりに満足できる宗教社会的位置づけを行っていたのである。これは全体として平和で、そして神学的な領域についても配慮されていて、それぞれが望み得る限りでの幸福の中で生きていくことができる体制である。そしてこうした社会体制が長く続いたのは、人間の生活が親や祖父母、また何代も前の祖先の生活と同じ生活の繰り返しでしかなかったからである。

ところがこの状況に大きな変化が生じて、近代と呼ばれる時代が到来する。近代は人間の生活が祖先の生活の繰り返しではなくなった時代である。つまり科学技術の目覚しい進歩が生じて、進歩を前提としていない社会のあり方が変更を余儀なくされることになったのである。

科学技術の進歩は、単に人間の好奇心を部分的に満足させるだけでなく、物質的な世界についての人間の知識、人間の側からの物質的世界への人間にとっての有効な対応についてのノウハウを増大させ、産業革命と呼ばれる事態を通して、人間の生活をそれまで考えられなかった程度と規模において豊かなものにした。このプロセスはいまも続行中である。科学技術・産業革命の進展の前に広がっている領域だけが、現在の人類全体の前に無限の広がりを持ったものとして存在している。

そしてこの動きは、西洋的なキリスト教世界で生き残っていた西部世界から生じたのである。科学技術・産業革命の目覚しい進展がなぜ最近になって、この領域で生じたのかという問題については、本書の限られた枠組みでは残念ながらくわしく論じることはできない。簡単に言うならば、人間的な配慮に基づいた二重構造の社会が神学的な根拠に基づいたものとして維持されていたからであり、しかも西洋の西部世界では、こうした社会構造上の大きな枠組みの中で聖の領域においても世俗の領域においても、人々が詳細にわたる伝統や教義に拘束される度合いが低かったからである。

くわしい検討はまた別の機会に譲ることにして、ここでは近代の科学技術・産業革命の進展によって、西洋的なキリスト教世界にどのような変化がおこったかについてこれも簡単に見ていきたい。

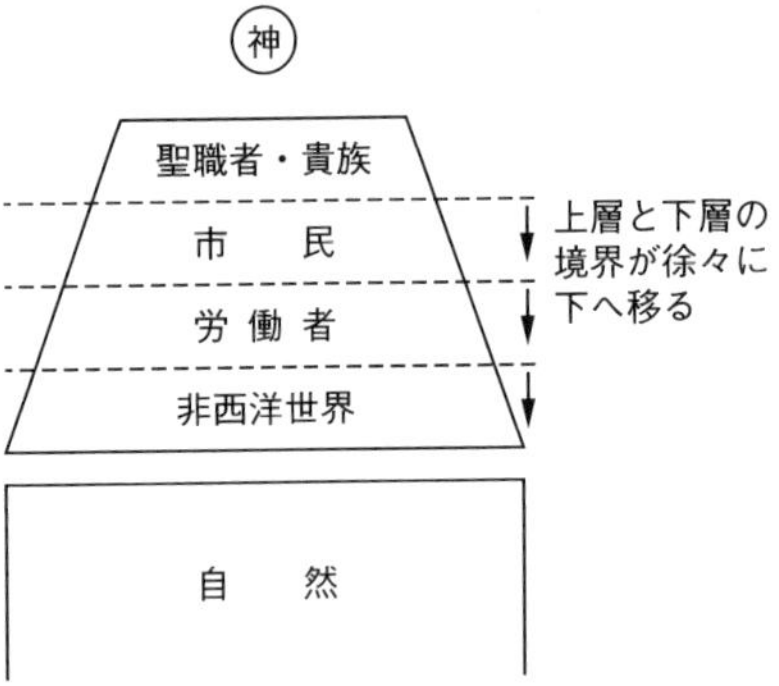

20図　近代におけるキリスト教社会の変化

近代によってキリスト教社会はどう変わったか

20図を見ていただきたい。

第一。科学技術・産業革命の進展は、人間が自然に働きかけて大量の物質的な富を人間社会にもたらすという事態を生じさせた。この富が社会のあり方を大きく変化させることになる。簡単に言うならば、世俗の領域における上層と下層の境界が次第に下の方向に移動して、上層を構成する者の割合が増えたこと、つまり経済的に貧しかった者で豊かになる者が増えたということである。当初は僧侶（キリスト教の指導者たち）と貴族だけが「豊か」だったのが、「市民」が上層に移り、次いで「労働者たち」が上層に移るという展開が生じている。

第二。軍事技術・交通・情報の手段が進歩して、西洋世界のあり方が全人類を支配するようになった。このことは西洋のいわゆる列強が非西洋の地域を「植民地化」するという形でまず生じた。しかし本質的な問題は、西洋世界の二重構造の社会のあり方が世界化していて、それを世界が受容するのか拒否するのかという問題である。この状況が進展するならば、上層に属する者が人種的に西欧出身の者であるか否かは徐々に意味を持たなくなると思われる。ギリシア人だけがギリシア的でなくなっていったのと同様である。そしてどのような文化伝統が支配的になるかも、この基本的な社会構造の選択の問題との関連において考えられねばならない。

第三。科学技術・産業革命の進展は人間の側に膨大な富をもたらして、人々の生活が豊かで便利になるという結果を生じさせただけではない。科学技術・産業革命の進展を担っているのは、人間である。つまり科学技術・産業革命の進展のために、世俗の領域においてあらゆる人々が労働を強いられることになった。社会全体において労働が肯定的に評価されて、それが当然であるような雰囲気になったのは十九世紀以来のことと思われ、したがってこれはごく最近のことである。それ以前に労働を強いられていたのは、原理的には下層の者だけだったが、これが全社会に広がったのである。

天才的な科学者や世俗の領域の指導者たちをはじめとするあらゆる人々が働いていて、それが良いことだという状況が生じたのだが、これは新しいことである。「世俗の領域における上層と下層の境界が次第に下の方向に移動して、上層を構成する者の割合が増えた」

と述べたが、これは富を手にする者たちの状態に注目した言い方であって、「労働」を誰が行っているのかに注目するならば、世俗の領域の上層と下層の境界が次第に曖昧になって、全体が下層的というべき状況に置かれるようになったと述べるべきである。

第四。自然からの富の膨大な流入によって、人々の関心がこれを享受することに集中し、またあらゆる人々が労働を強いられて多忙となることによって、世俗の領域に属する人々の関心が神学的な領域に向けられなくなる。いわゆる「世俗化」の問題が生じている。

ここで言う「関心」とは、労働と物質的富の享受の合間に人々が神学的・宗教的問題のことも少しは考えるかどうかといった程度のことではない。社会全体において聖の領域の存在意義自体についての理解が失われつつあることが問題とされねばならない。

キリスト教の教会の枠組みにおいて聖なる領域がもっとも高い位置づけを保つことができたのは、ある意味では自由・真理・支配・富を同時に実現できる領域がこの聖なる領域だったからである。ところが科学技術・産業革命の進展によって、富の量が膨大となり、すべてが富を基準として考えられるようになる。自由でさえ多くの富を獲得することが自由であるという雰囲気が生じてしまっている。真理は科学的研究という労働によって獲得されるもので、そして人間世界に獲得される富の質と量によって評価されている。自由や真理が、数字で計測されているのである。これは個々の人々の道徳的心構えのレベルで云々《うんぬん》できる問題ではない。社会全体の富の量が膨大になって、それを社会的にそして個人的に管理する「仕事」だけですべての人の生活の時間が費やされていることが原因である。聖の領域の価値を忘れているというより、神との直接的な繋がりを羨《うらや》む余裕もなく人々の生涯が費やされているというべきかもしれない。

世俗化がもたらした問題

第四の「世俗化」の問題に関連して、一見すると世俗化とは逆の方向の動きが無視できない規模において生じていることも確認しておく必要がある。

特に民衆レベルで「宗教的」と言わざるを得ない熱狂的な態度がさまざまな形で生じている。神学的・宗教的に「真実だ」とされる要素のうちの一部分だけに依拠して、神の前での自己正当化を実現しようとするさまざまな動きである。

「キリスト教的」な雰囲気のする例としては、「イエスはキリストだ」と何かにつけて口にしたり、一定のスタイルの「信仰」を身につけたりすれば、それですべてが解決されているといった態度である。聖書全体はイエスがキリストであることを主張しているといった明らかな過度な単純化を公言してはばからないような態度の例を前章で指摘したが、このような態度はこうした神の前での自己正当化の端的な例の一つである。部分的でしかないものを絶対化することが狂信である。

このような態度は、神が全面的に介入していないことを無視して、人間が何らかの特殊な態度をとることで神を動かすことができるとしているために生じると思われる。

つまり神学的・宗教的な問題に関わっているかのような体裁をとっているにも関わらず、神学的・宗教的な問題についての理解が明らかに浅薄なのである。こうした浅薄さは、聖書全体を読んでいるということになっていても、そこにあるすべてが「イエスはキリスト」という主張に集約できると公言してはばからないような浅薄さである。したがってこうした流れが生じているという問題は、「世俗化」の問題の一環として考えるべきである。

こうした流れがある程度以上の勢力となっていることの原因として、富の流入によって人々の生活が世俗的に豊かになり、特に教育の普及によって人々の自分で考える力が徐々に向上したことがその一つとして考えられる。

科学の進展の功罪

また一方で科学的研究の進展がいわゆる人文科学、そして神学の分野にも及んだことも重要である。神学的領域の理解に科学的方法が適用されたために、膨大な研究の蓄積が生じて、その全体を理解することは専門家にとっても不可能なものとなっている。そして微細な事項についての科学的正確さを確保する作業にあくまでこだわるならば、専門家でも本質的な事柄について何も発言できないという状態が生じてしまっている。それでもあえて何かを発言しても、細かい問題についての「誤り」の指摘によって、その発言の本質的な意味の検討をしなくても、その発言について「価値のないもの」とレッテルを貼ることができるような雰囲気が生じてしまっている。

つまり聖の領域に属する指導者たちによる世俗の領域の指導が、だんだんと不可能になってきているのである。科学的研究の進歩のために、博識を背景にしてあらゆる立場を「誤り」と断定する「研究者集団」が生じているのである。

ただしこうした研究者集団による指摘には意味のあるものも多いということも確かである。神学の分野に徐々に適用されてきた科学的研究は多くの誤解を解いて、徐々により深い理解を可能にしている。本書におけるような考察も、近代におけるこうした研究の成果がなくては不可能である。

しかし科学的研究の蓄積が膨大なものになってきて、しかも神学の分野においても科学的研究の努力の前には無限の可能性が開いているように見えることも確かであり、このことは素晴らしいことなのかもしれないが、大きな問題を含むことでもある。

神学の分野における科学的な「正しさ」を巡る状況は、ユダヤ教の枠内で宗教社会的に「正しい」とされていた律法が律法主義的な位置づけにおいて作り出していた状況に似たものとなってきている。つまりこの科学的「正しさ」の権威が、神と人間の実質的な繋がりの可能性を無限に遠ざけるように機能している面があるという問題である。科学の進歩が人間的な弱さを無視して、人間が人間的なあり方で生活することを困難にしているという、科学の展開のあらゆる側面で生じている問題が、神学の領域にも生じているということができる。そして科学的研究の最前線は、大多数の者に手の届かないものになっている。

大多数の者は、再び見捨てられてしまっているかのような状況に置かれているのである。ユダヤ教の律法主義の伝統においては、律法が客観的な権威として存在しており、すべてのユダヤ教徒がそれぞれのレベルでこの律法だけに関わるべきだとされていて、それぞれのレベルの関わり方にそれなりの意味があるとすることが可能である。これに対して科学的探究は、不十分であることが明らかになったあり方には本来的に価値を認めることができない。

人による人の支配という体制を根本的なものとしているキリスト教の教会の伝統においては、ユダヤ教における律法に匹敵するような客観性を持った権威は存在していない。そして先のような事情で指導者たちからの指導がだんだんと困難になると、一般の人々の中には、自分たちなりの基準を勝手に決めてしまうということが生じるのである。その基準が、聖書についてのある種の「解釈」であったり、特定のスタイルの「信仰」であったり、スターのようになる「指導者」だったりするということになる。

神学の領域における膨大な知識の蓄積および教育の向上による人々の理解力の増大のために、人による人の支配という構造における指導が十分にできなくなっている。人々が自分の判断によって神の前での自己正当化に陥ることは避けねばならないとして、では何が残っているだろうか。

神との関係に関して、いまの段階での日常の生活において有効だと思える具体的な活動は科学的研究の活動だけなのだから、それに勤《いそ》しむことが当面のところ人間にとって唯一のあるべきあり方だとすべきだろうか。信仰と、洗礼といった儀式が、かつては人間の側からの準備として最大限に可能なものだったのと同様に、いまでは科学的探究が人間の側の準備として最大限に可能なものだとすべきなのかもしれない。

人間側にできること

近代における科学技術・産業革命の進展は、人間の側に膨大な富をもたらし、キリスト教的な西洋社会の世俗の領域の二重構造において、富を享受する人々の割合の増大をもたらした。そして西洋的な二重構造の社会的あり方が全人類規模のものとなりつつある。このプロセスにおいて、当初は西洋の列強の植民地とされて下層に位置づけられた領域も、徐々に上層に組み込まれている（二百七十八ページ20図）。

環境問題などの大きな障害があるとはいえ、科学技術・産業革命のさらなる進展によって人類の獲得する富の量がさらに増大するならば、全人類が物質的に豊かになるという状況が実現するかもしれない。また労働の問題も、人々の負担は軽減される方向にある。コンピュータの出現と普及による効果は、その顕著な例の一つと言ってよいだろう。人々の労働が最小限のものになるといったことも可能かもしれない。こうしたことを考えるのは、ユートピア的だとされてしまうかもしれないが、科学技術・産業革命の進展の前に広がっている可能性が今のところはまだ無限だと思われることを考えるならば、まったく根拠のない夢ではないところがある。このような事態は、意外と早く実現するかもしれない。

神の支配の現実の告知にはじまるキリスト教の運動は、神の全面的な介入のないまま、近代における科学技術・産業革命の進展によって生じた新しい事態に、新たに対応することを迫られている。近代において民衆レベルで生じている狂信的な反応については若干検討した。しかしそのほかにも狂信というべき事態は、いろいろと生じている。かつては狂信というべきでなかったあり方が、新しい状況では狂信だと言わざるを得ないものになっているということも考えねばならない。狂信は、部分的でしかないことを絶対的だとしてしまうことだからである。そして人間が了解し決断できることは、程度の差はあっても、いつも部分的ではないだろうか。

神の支配の現実については情報しかなく、また神の直接的な介入は部分的でしかないという事態は変わっていないかもしれないが、人間の置かれている状態が大きく変化しているのである。

近代における人間の状態の大きな変化は、世俗の領域におけるものである。そしてこのような位置づけが可能なのは、キリスト教が神の直接的な介入は部分的でしかないことを基本的に認めているからである。世俗の領域の存在を認めるというキリスト教における基本的な態度が、近代の大変動においてもキリスト教の立場が根本的に揺るがない理由となっていると考えてよいだろう。神が一方的に介入するしかないこと、人間が神を選ぶことができないことは、ユダヤ教・キリスト教の一神教的伝統の長い紆余曲折の中で発見された最大限の人間の側の了解だと言うべきだろう。しかし神の全面的な介入がない状況において人間的にできることが何かを模索する余地はまだまだあると考えられる。キリスト教の成立のほとんど間もない時期に成立した人による人の支配の体制は、近代においてはもはや十分に機能しないのではないかと考えてみてもよいかもしれない。

これまでの考察の道筋に沿って考えるならば、フィリポやペトロがサマリアに来たところに少なくとも立ち返って考えるべきかもしれない。サマリアでは人々は信じようとしていたし、洗礼を受けようとしていた。しかし近代において人々は、信じるという人間的な行為を積極的に行う必要を感じる余裕を持つことが難しく、また自己正当化に繋がらない信仰を持つことが難しくなっているのである。全面的に介入しない神との関係を人々の意識にとどめることがどれほど必要なのかというところから考えるべきだと思われる。

また次のように考えることも可能かもしれない。神が全面的に介入しないという状況が長く続く中で、世俗の領域の存在を認めて世俗的自由を容認する体制は近代における科学技術の目覚しい進歩をもたらしたのだから、科学技術の進歩が続く限りにおいて、人による人の支配という柔軟な体制の意義はやはり失われないかもしれず、それどころかこの体制の基本的なあり方はますます有意義なものとなっているとすべきなのかもしれない。変化しているのは世俗の領域の人間の生活のあり方である。このことを認識して柔軟に対応できるのは、神の全面的な介入がないのなら、やはり人間ではないだろうか。

また人間の置かれている状況は、さらに質的に大きく変化するかもしれない。物質世界への人間の大規模な探索が何らかの意味で完了ないし終結するという事態、また神についての科学的アプローチが新たな発見をもたらすということがあれば、それは大きな契機になるのではないかと考えられる。しかし予想もつかないような展開が生じるかもしれない。ただし神の側からの全面的な直接介入というべき事態が何らかの形で生じるならば、もちろん、人間的な努力は不必要になると考えるべきである。

あとがき

本書は、ごく普通のタイプの民族宗教だったユダヤ教がどのようにして本格的な一神教的宗教となったのか、その問題との関連でキリスト教の成立はどのような意味をもっているのかについて、できるだけ簡潔に示そうとしたものである。

それぞれの段階について最低限これだけは重要だと思われる問題に触れながら、説明の議論が全体的に繋がるように展開することを心がけた。すべての重要な問題を扱うということはできない。また個々の問題のあらゆる側面に言及することも不可能である。しかし一応の説明があれば、それなりの全体的なパースペクティブが得られて、個々の問題を考えていく際の足掛かりとなるだろう。

この際に神学的な問題、すなわち神と人との関係に直接的に関わる問題に特に関心を集中させながら論述したつもりである。神学的問題は神についての問題である。

しかし神学的問題は神と人との関係の問題であり、また神学的問題を考えるのは人間である。したがって神学的問題は常に人間的である。しかし人間は神でないものを神としてしまう過ちに陥りやすい。神学的な考察を進めるためには、この過ちにでき得る限り陥らないようにしなければならず、これは容易なことではない。

しかも神学の問題は、いつも全体的で多岐にわたっているために、茫漠《ぼうばく》としていることが多い。しかしこうした状況を前にして、ただ茫然としているだけでは、理解も進まないし、意味のある行動もできない。人間にとっての神学的な展開もただ無秩序なものではなく、それなりの論理に従ったところがあると思われる。神と人との関係について、特にその社会的機能に注目しながら考察を進めたつもりである。その大筋のイメージが浮かび上がるところが本書の説明を通してあったならば幸いである。

ユダヤ教・キリスト教の伝統に基本的にはない文明圏に属する者——たとえば日本的な伝統において暮す者——が、このユダヤ教・キリスト教の伝統にどう対処し得るのかについての考察が具体的にできなかったことは残念である。一言だけ述べておくならば、神的な現実を理性的に了解できるところに還元してしまう方法は、やはり一面的であり、また西洋の哲学的な伝統の影響ばかりを強く受けた傾向だと思われる。

いずれにしても、ユダヤ教・キリスト教的な伝統において培われ、そして蓄積されてきたさまざまな成果を本質的なところで無視してしまうことに繋がるようなアプローチや判断は、それがユダヤ教・キリスト教的な伝統について肯定的なものであれ否定的なものであれ、あまりにも残念である。西洋的な文明が世界化していることにどのように対処すべきか、科学技術の進歩を巡る状況にどのように対処すべきかは、非西洋の文明圏に属する者にとって、ここ数百年の緊急の課題である。そして西洋的な文明と科学技術の進歩がユダヤ教・キリスト教的な伝統と密接に結びついていることを考えるならば、ユダヤ教・キリスト教的な伝統について本格的に考察することは、そうしないことが残念なことだという程度ではなく、不可欠な課題だとすべきかもしれない。

ユダヤ教・キリスト教的な伝統のもっとも特徴的な側面である一神教的な立場は、本書で示したように、歴史的な展開の中のかなり特殊な状況の中で成立し、展開してきたものである。しかしそこで発見されてきた価値が、他のところで発見されている価値に較べて劣っているということがはっきりするのでない限り、こうした価値を退けてしまうことは、やはり適切ではないと思われる。

本書の執筆については講談社の田中浩史氏にたいへんお世話になった。感謝の意を表したい。

二〇〇二年四月　横浜・新子安にて

著者

講談社現代新書　1609

一《いっ》神《しん》教《きょう》の誕《たん》生《じょう》――ユダヤ教《きょう》からキリスト教《きょう》へ

二〇〇二年五月二〇日第一刷発行　二〇二一年六月二四日第一三刷発行

著者　加《か》藤《とう》　隆《たかし》

発行者　鈴木章一

発行所　株式会社講談社
東京都文京区音羽二丁目一二―二一　郵便番号一一二―八〇〇一
電話　〇三―五三九五―三五二一　編集（現代新書）
〇三―五三九五―四四一五　販売
〇三―五三九五―三六一五　業務

カバー・表紙デザイン　中島英樹

印刷所　株式会社KPSプロダクツ
製本所　株式会社国宝社

定価はカバーに表示してあります　Printed in Japan

N.D.C.230　293p　18cm
ISBN4-06-149609-3

「講談社現代新書」の刊行にあたって

教養は万人が身をもって養い創造すべきものであって、一部の専門家の占有物として、ただ一方的に人々の手もとに配布され伝達されうるものではありません。

しかし、不幸にしてわが国の現状では、教養の重要な養いとなるべき書物は、ほとんど講壇からの天下りや単なる解説に終始し、知識技術を真剣に希求する青少年・学生・一般民衆の根本的な疑問や興味は、けっして十分に答えられ、解きほぐされ、手引きされることがありません。万人の内奥から発した真正の教養への芽ばえが、こうして放置され、むなしく滅びさる運命にゆだねられているのです。

このことは、中・高校だけで教育をおわる人々の成長をはばんでいるだけでなく、大学に進んだり、インテリと目されたりする人々の精神力の健康さえもむしばみ、わが国の文化の実質をまことに脆弱なものにしています。単なる博識以上の根強い思索力・判断力、および確かな技術にささえられた教養を必要とする日本の将来にとって、これは真剣に憂慮されなければならない事態であるといわなければなりません。

わたしたちの「講談社現代新書」は、この事態の克服を意図して計画されたものです。これによってわたしたちは、講壇からの天下りでもなく、単なる解説書でもない、もっぱら万人の魂に生ずる初発的かつ根本的な問題をとらえ、掘り起こし、手引きし、しかも最新の知識への展望を万人に確立させる書物を、新しく世の中に送り出したいと念願しています。

わたしたちは、創業以来民衆を対象とする啓蒙の仕事に専心してきた講談社にとって、これこそもっともふさわしい課題であり、伝統ある出版社としての義務でもあると考えているのです。

一九六四年四月　野間省一